球速を高める4要素

JN073004

ピッチング新時代

内田聖人

マイナビ

バッターを打ちとるための「球速」を手に入れよう!

現代野球を語るうえで「球速」は必要不可欠な要素です。プロで活躍するためだけでなく、プロになるためや、自分が活躍するために「球速」というカテゴリーが必要なのです。

では、球速を上げるために何をすればいいのでしょうか?

私の場合、現時点で時速150kmから時速155kmまで上げることができました。これは、自分の体験やそこから得た知識をベースに、試行錯誤を重ねてアレンジした結果です。

そのなかで行きついた「球速を高める4要素」が、フォース(F)、ベロシティ(V)、メカニクス(M)、モビリティ(M)です。このFVMMをベースに、日々、指導に当たっています。本書では、これらの解説とトレーニングメソッドを紹介しています。打者をおさえるために、自己最速のピッチングフォームを身につけましょう。

CONTENTS

Part 4 球速を効率よく高める4種のトレーニング

Part 1

ピッチング動作を正しく理解しよう!!

「いいピッチャーとは何か」を考える

なぜピッチャーは速いボールを投げられた方がいいのか?

攻撃と守備がきっちりと分かれている野球競技のなかで、守備において「打者を抑える」、「点を与えない」ことが、ピッチャーの仕事です。

「点を与えない」という点において、ピッチャーの役割は他の野手と大きく異なります。他の野手は受動的に打球を処理する一方で、唯一、打者に対して能動的な守備ができるのがピッチャーです。点を与えないためには、アウトを積み重ねる必要があります。つまり、アウトを積み重ねる可能性を高めるために、打者が打ちづらいボールを投げた方がいいということになります。

では、打者が打ちづらいボールとは何でしょう?

変化球、間合い、打者ごとの苦手な球、データ戦略など、色々な要素がありますが、その中の一つとして球は速いに越したことはないといえます。

ピッチャーの身長や腕の長さなどによって、リリースポイントが多少前後するため、その距離感は変わりますが、18・44ｍという定められた距離の中で投球を行うことを考えると、到達する時間が短い方が、打者の脳がストライクかボールかなどを処理する時間が短くなり、正確な判断に支障を来す確率が高くなります。その結果、打たれる確率も低くなります。この観点からも、球速は絶対に上げた方がいいということになります。

ピッチャーマウンドからホームベースまでの距離と到達時間

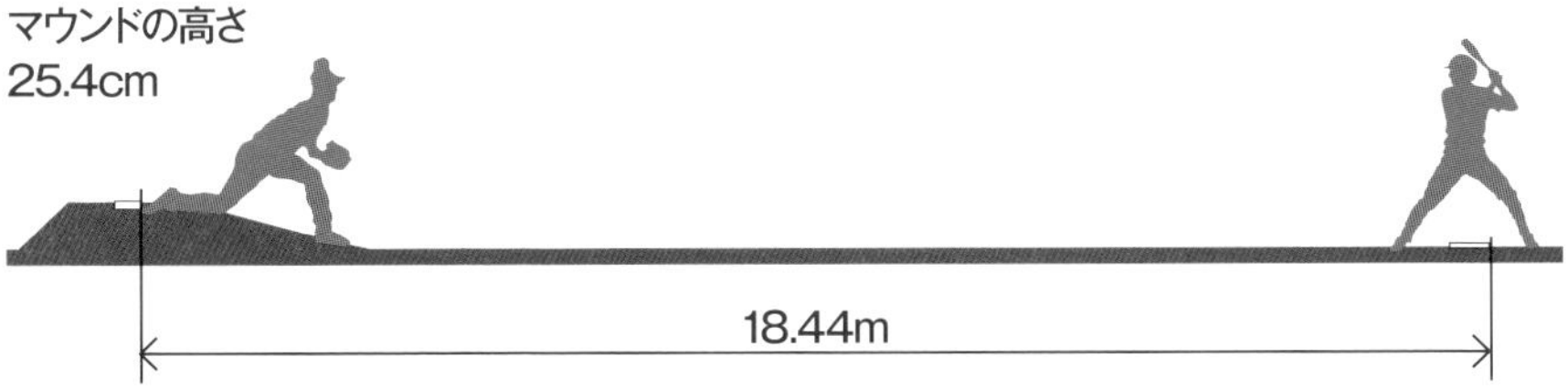

球速	到達時間
100km/h	約0.66秒
120km/h	約0.55秒
150km/h	約0.44秒
160km/h	約0.41秒

※到達時間は初速で計算

実際は終速が初速よりも遅くなるが、リリースポイントが1〜1.5m程度前になるため、リリースからベース到達までの距離は短くなる。さらに打者のスイング時間を考えると、バッターが球種やコースを判断してからスイングを開始するまでの時間はさらに短くなると考えられる。

投球を物理の視点で考える①

球速をもっと上げるにはどうすればよいか？

$$F = m a$$

force　mass　acceleration

力＝質量×加速度

実際に球速を上げるためにはどうすればよいのでしょうか？

現時点で私の理論の軸となっているものは「物理」です。野球を一言で表現すると、「物体に力を加える競技」といえます。ピッチャーであれば「指先からボール」、バッターであれば「バットからボール」。どちらにせよモノ（ボール）を使って、それにどれだけの力を加えるか。いわゆるパワーを伝えるかが大きなポイントとなります。つまり、行き着くところは物理なのです。つまり、高校生の物理でも勉強する「F=ma」、力は重さと加速度（本書ではリリース時の「速さ」と考える）に集約されるのです。

ピッチャーの場合、ボールが指先から離れるリリースの際に、いかに強く重く速くロスなく、指先からボールに力を伝えられるか。これが球速を決めると考えています。この基本的な概念に関しては、今後、ピッチングがどのように進化していっても、決して変わらない部分だと考えられます。

そのためのピッチングフォームや体の使い方など、実際の投球方法に関するアプローチは時代とともに日々進化しています。本書では現時点で考えられている最新のアプローチを紹介します。

❶テークバック

❷並進動作

❸リリース

投球を物理の視点で考える②

球速とコントロールは一見、別モノに見えるが決して無関係ではない

ピッチャーの指先からボールがリリースされるときに、その方向がズレてしまうと、意図した方向にボールを投げることができずにコントロールが定まりません。それを、腕の振りやリリースポイントで調整しようとすると、どこかで加速する動作にブレーキがかかるため、球速も落ちてしまいます。

これは、リリース時に指先で押し出す方向を調整するのも同じです。物に力を伝えようとしたときに、力が加わる方向が少しでもズレてしまうとパワーは逃げてしまいます。ボールに最大の力を伝えるためには、ボールを投げたい方向に正しく力を持っていく必要があるということです。

つまり、球を速くすることがコントロールにも大きく関係するということになります。球速とコントロールは、決してイコールではありませんが、まったく無関係ではないのです。世間の風潮としては「球が速いがコントロールが悪い」など、球速とコントロールはまったく相異なるものとされていますが、決してそんなことはありません。

つまり、球速を速くするうえで、方向性も含めて正しい力の加え方をすることは非常に大切です。ベクトルがズレれば、そのぶん力も弱くなってしまいます。

これらの点から、球速とコントロールはある程度比例しているのではないかと私は考えています。

ボールを「押し出す方向」とボールに「伝わる力」

●正しくボールの重心を押し出したときの力の伝達

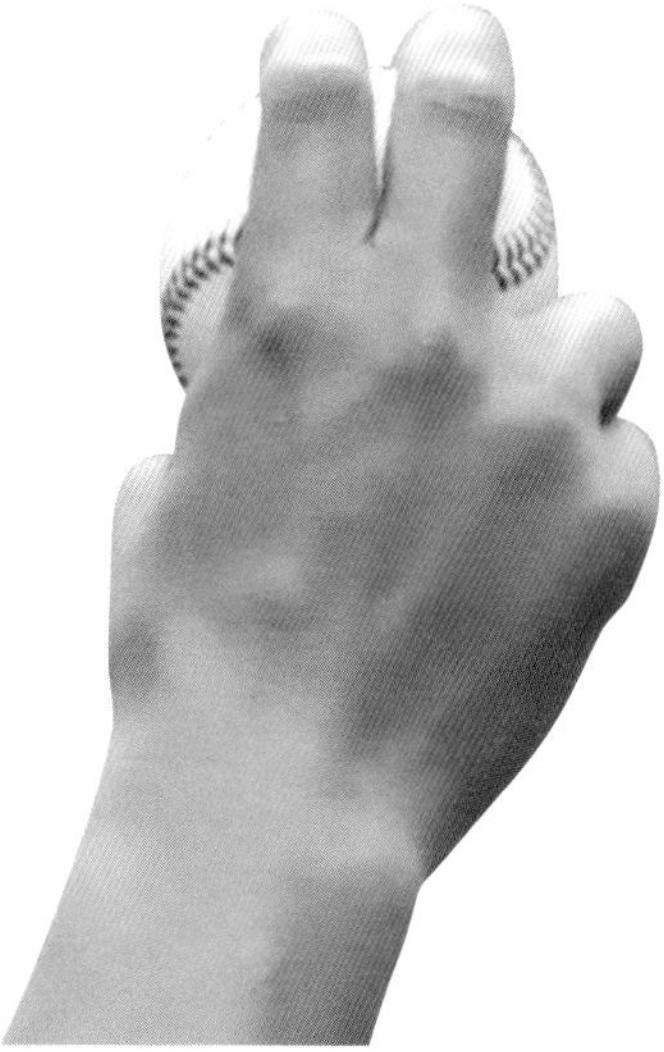

投げたい方向に向かってボールの重心をまっすぐに押し出せていれば、加えた力がそのままボールに伝わり、ロスせずに球速につなげることができる。

上から見たベクトルの向きと力の伝達

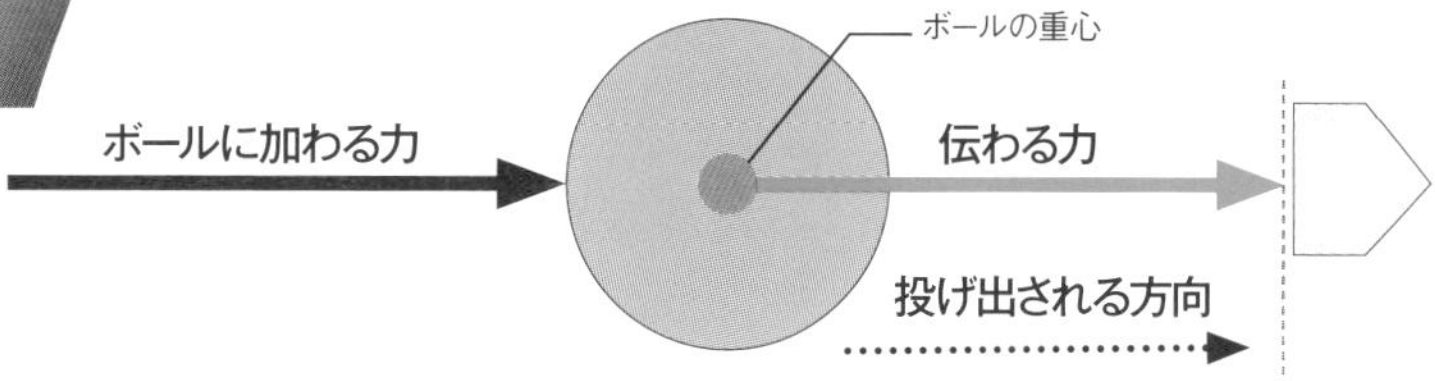

NG 押し出す向きが左右にズレている

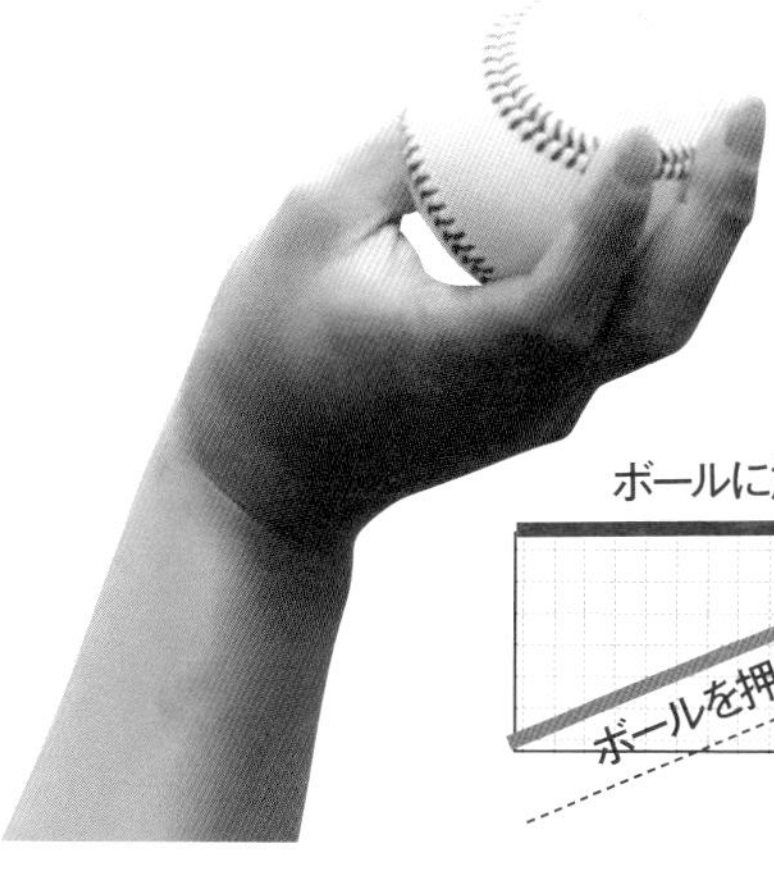

ボールを押し出す向きが左右にズレていると、腕を横に振り抜かなければならない。どこかでリリースポイントを調整しなければいけないため、コントロールが安定しないだけでなく、ボールに伝わる力も小さくなる。

上から見たベクトルの向きと力の伝達

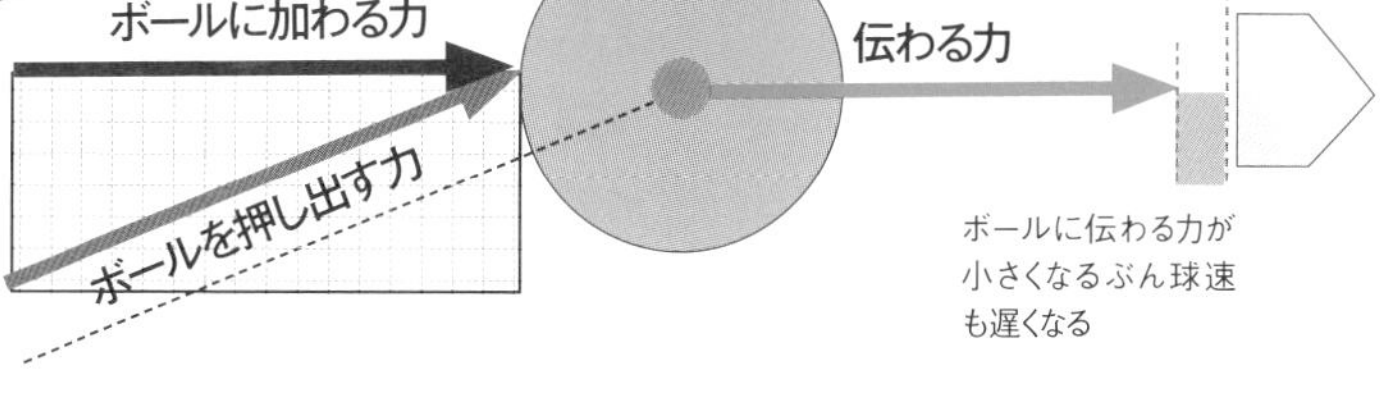

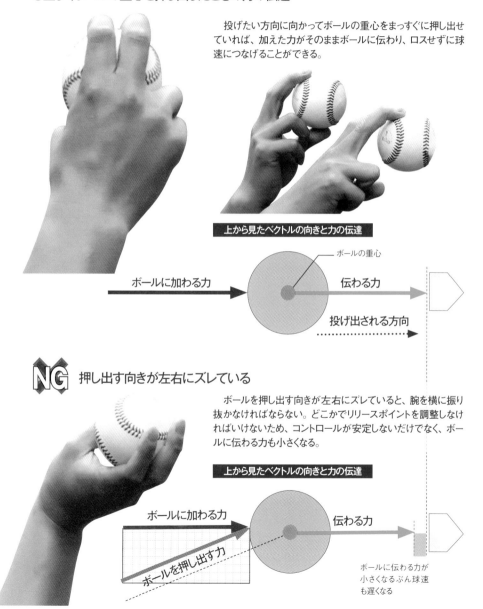

パワーを生み出す 4つの要素

Force《フォース》

【fɔrs】

㊔ 力、強さ、強い影響力のある人

Velocity《ベロシティ》

【vəlásəti】

㊔ 速さ、速度、速力

Mechanics《メカニクス》

【məkǽniks】

㊔ 力学、機械学、(決まった) 手順、方法、技巧

Mobility《モビリティ》

【moubíləti】

㊔ 可動性、移動性、機動性 …《中略》…流動性、移り気

ボールのパワーを生み出す要素には、「フォース」、「ベロシティ」、「メカニクス」、「モビリティ」の4つがあります。これら4つの要素が互いに連動して生まれたパワーをボールに伝えることが球速につながります。

「フォース」とは、「重さ」を意味します。体重を含めた「地面を押す力」で他の3要素の土台となる部分です。フォースはトレーニングで筋力を高めることで強くなります。

「ベロシティ」は「速さ」です。「フォース」から得た力を利用することで得られる「動作の速度」と考えるといいでしょう。トレーニングのなかで自分が操れるウエイト（重さ）を増やしていくことが「ベロシティ」にもつながります。

そして、「フォース」を「ベロシティ」につなげるための「技術」が「メカニクス」です。フォースを出すための体の使い方や、地面から得た反力を球速につなげるための体の使い方とイメージするといいでしょう。

最後に「モビリティ」です。これは「可動域の広さ」ではなく、ピッチング動作のなかでパワーを発揮するための「体の使われ方」を意味しています。

実際は「フォース」が他の3要素の土台となる部分になりますが、これらの4つの要素のすべてが重要で、優先順位をつけることはできません。最初にこれらの重要性を正しく理解しておくことが、フォーム習得に大きく役立ちます。

ピッチングの土台となるのは「自分の体重」

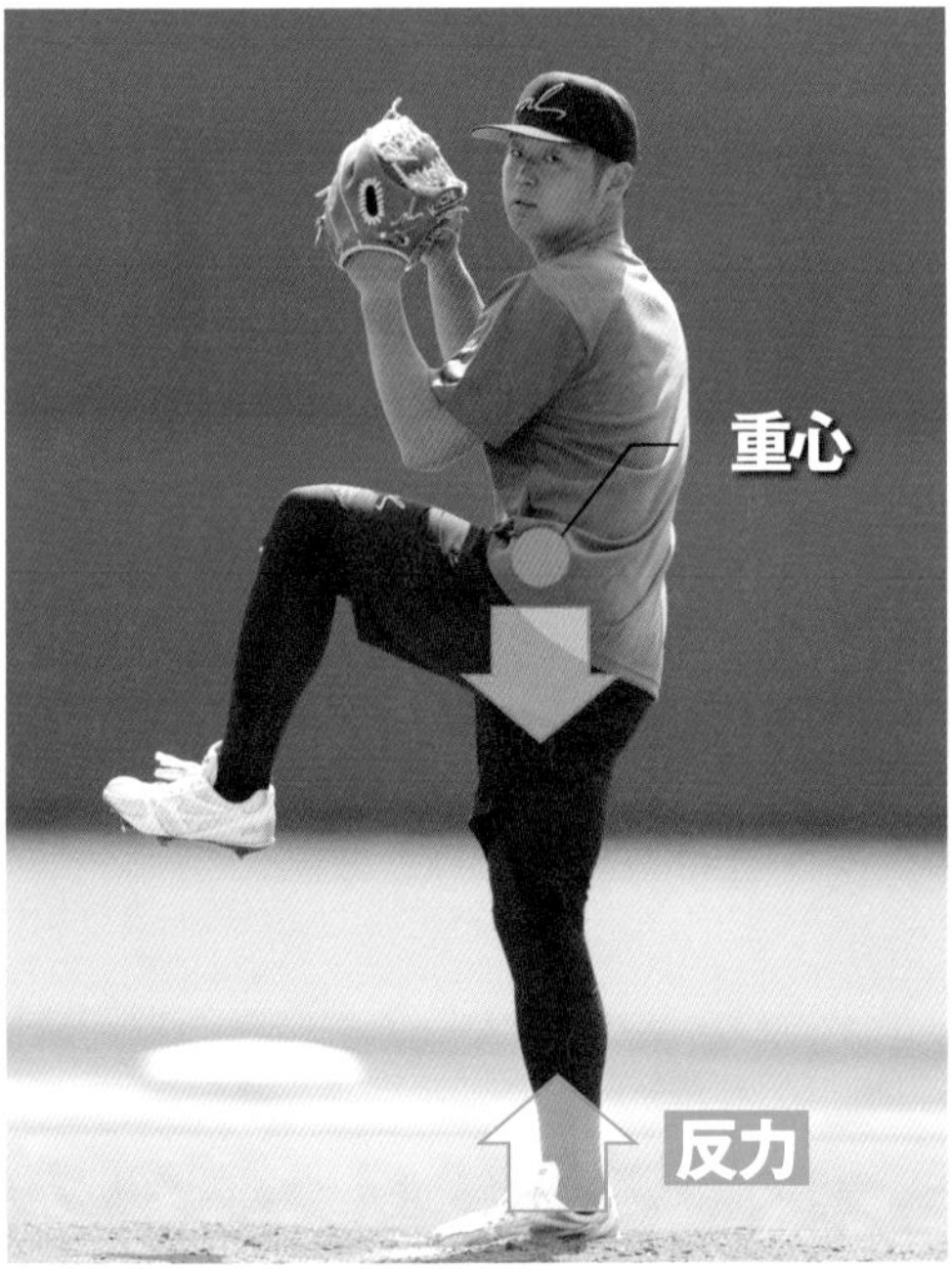

一般的にフォースと言うと「力」を意味しますが、私はピッチングの指導における「フォース」を「重さ」として説明しています。

まず、基本となるのが自分の体重。人間は、ただ立っているだけでも地面から反力を受けています。反力に関しては、メカニクスの部分でも触れますが、その反力の大きさは自分の体重と同じで、つねに自分の体重と同じ力で地面から押されています。これを基本にピッチング動作が行われます。

フォースという観点だけで言えば、力をしっかり生み出すことができるのであれば、必ずしも筋肉である必要はなく、脂肪でも何でもいいと考えられます。

しかし、メカニクスにおいて速く動かすということを考えると、筋肉の方が伸び縮みすることで大きな力を生み出すことができることから、

脂肪よりも筋肉で体重を増やすことが望ましいでしょう。

このことからも、体重を考えるときに、できれば筋量を増やすことを目的に、除脂肪体重にフォーカスして欲しいと思います。

フォースはトレーニングで筋力を高めることで大きくなります。自分が操れる体重（重さ）を増やしていくことが大切です。

そして、フォースを生かすためのフォーム（メカニクス）を身につける、速度（ベロシティ）を高める、それらを可能にするための体の使い方（モビリティ）を身につける、ことで、今までより速い球を投げられるようになります。

つまり、すべての土台となっているのが「フォース」の部分なのです。トレーニングを通じて、フォースを高めることが、最大球速を出すことにも直結します。

特定部位だけでなく、全身の筋肉で動作を加速

ピッチング動作の初動は自分の体重から得られる地面の反力ですが、そこから加速するため動員されるのが「全身の筋力」です。だから、つねにトレーニングで筋力を培っていく必要があります。しかし、純粋に自分の筋肉の収縮だけで速さを出そうとしても限界があります。

たとえば、その場でジャンプしようとしたときに、ほとんど運動していない小中学生の子でも、上に高く跳んでくださいと言えば、ひざと股関節を速く曲げてジャンプをします。この「速く跳ぶ動作」は、とくに誰かに習ったわけではありません。ある程度、日常生活の中で予測できる動作であれば、頭で考えずにハムストリング（太もも裏側の筋肉）とお尻の筋肉を伸ばして、それを瞬発的に収縮させて高く跳ぶというのが、感覚的に身についているからです。

筋肉には、速く伸ばされたら、速

く縮もうとする「ストレッチショートニングサイクル」という作用があります。これをピッチングフォームのなかで作ればよいのです。

筋肉の特性を生かして、全身の反動を使って速さを出すのです。どこかのタイミングで自分で「ンッ!」と踏ん張るのでなく、いかに反動を使えるか、それも全身で。そのための体の使い方を身につけていくことが大切です。

その場でのジャンプ

筋肉の収縮だけでなく、全身で素早く動作を行うことで無意識に反動を使って加速している。ピッチング動作の中でも自然に反動を使えるようになることが大切

球速を高めるポイント 腕の「助走距離」を長くとる

全身で反動を得ることに加えて、速度を出すためにもう一つ大切なのが「助走の距離」です。助走と言っても、ピッチング動作はその場で行うため、やり投げのような本当の助走はつけられません。

ここで言う助走とは、「腕の移動距離」と考えてください。上げた足が着地したときに腕が前にある人と、後ろにある人では助走の距離が異なります。ピッチングは、ボールのリリースに向けて加速していく動作です。リリース時のスピードを最大にするためには、最後に振り出される腕の距離が長ければ長いほど速度は高まります。

つまり、並走動作を終えたところからリリースまでの体の使い方が大切になるのです。これは、単なる腕の動きでなく、全身動作になるため、体の可動性（モビリティ）が大切になります（30ページ参照）。

ボールに「伝わる力」は速度の2乗に比例する

$$K=\frac{1}{2}mv^2$$

kinetic energy　mass　velocity

$$\text{運動エネルギー}=\frac{1}{2}\times\text{質量}\times\text{速度}^2$$

運動エネルギーは速度の2乗に比例するため、
球速を高める近道はリリース時の速度を高めること。
そのために必要なのが「助走距離」となる。

球速が出なくなる典型的なエラー2種

NG ひじが肩より前に出る

腕を長く使えないため助走距離が短くなる。また回転の半径が前腕の長さだけになるため遠心力が小さくなると同時に肩への負荷が大きくなる

NG 並進と同時に上体が回る

一見、助走距離を長くとれていても、体幹の捩れから生まれる遠心力で加速できなくなる

地面から得た力を大きくしてリリースにぶつける

最初に地面から得た力を、リリースまでにどれだけ大きくできるかは、それまでの体の使い方で決まります。これをピッチングの「メカニクス」として考えていきましょう。

一言でメカニクスと言っても、フォース（力）を出すためのメカニクス、ベロシティ（速度）を上げるためのメカニクス、自然の摂理に逆らわないためのメカニクス……。さまざまな視点から考えることが可能だと思われる方も多いことでしょう。

しかし、そのどれもが行き着くところは同じなのです。重力や遠心力、体の構造などの自然の摂理に逆らわずに体を動かすことで、最初に得たフォースを生かし、どこかで瞬間的に力を入れる必要がなくなり、特定部位に大きな負荷をかけることなく、ベロシティを高めることができます。

そのためには、いかに体を大きく長く使うかがポイントになります。

時代で変わる「バッティングのトレンド」とピッチングの相関関係

最近、多くのスラッガーに見られるようになったのが、ヘッドが下から出るスイング。これは、低めのボールでゴロを打ち取るピッチャーに対応するためのトレンドと言えます。上から投げ下ろされるボールに対応しやすいため、これに対応するために、「低いリリースで伸びるボール」や「高めのボールの使い方」が最近のピッチャーのトレンドになってきています。

現在のトレンド

かつてのトレンド

「シャープなスイング」、「叩きつけるようなスイング」などと呼ばれたかつてのトレンド。ほぼスイング面上にヘッドが移動するため、上から投げ下ろされるボールにタイミングを合わせにくい

さらに、「打者の打ちづらいボール」という観点からもメカニクスを考えることができます。

単に球速を出そうとするなら、重心を高く保ったまま上から腕を振り下ろせば、重力を味方につけて速いボールが投げられそうなものです。しかし、バッターの手もとで打ちづらい球を考えると、それだけとは言えません。

しかし、時代のトレンドで投げ方が変わるのも事実です。

プロを見ていると、最近はヘッドが下から出るバッティングフォームがトレンドになっています。低めのボールに対応するための変化と考えられます。ヘッドが下から出てくるため、上から投げ下ろされるボールに対して、それほど打ちづらさは感じないことでしょう。むしろ、低いリリースから手もとで伸びるボールの方が打ちにくいはずです。

「フォース」と「ベロシティ」を出すためのメカニクス

「並進」

地面から受ける力を
最大限にするため、
大きな幅で踏み出す
スピードを速くする

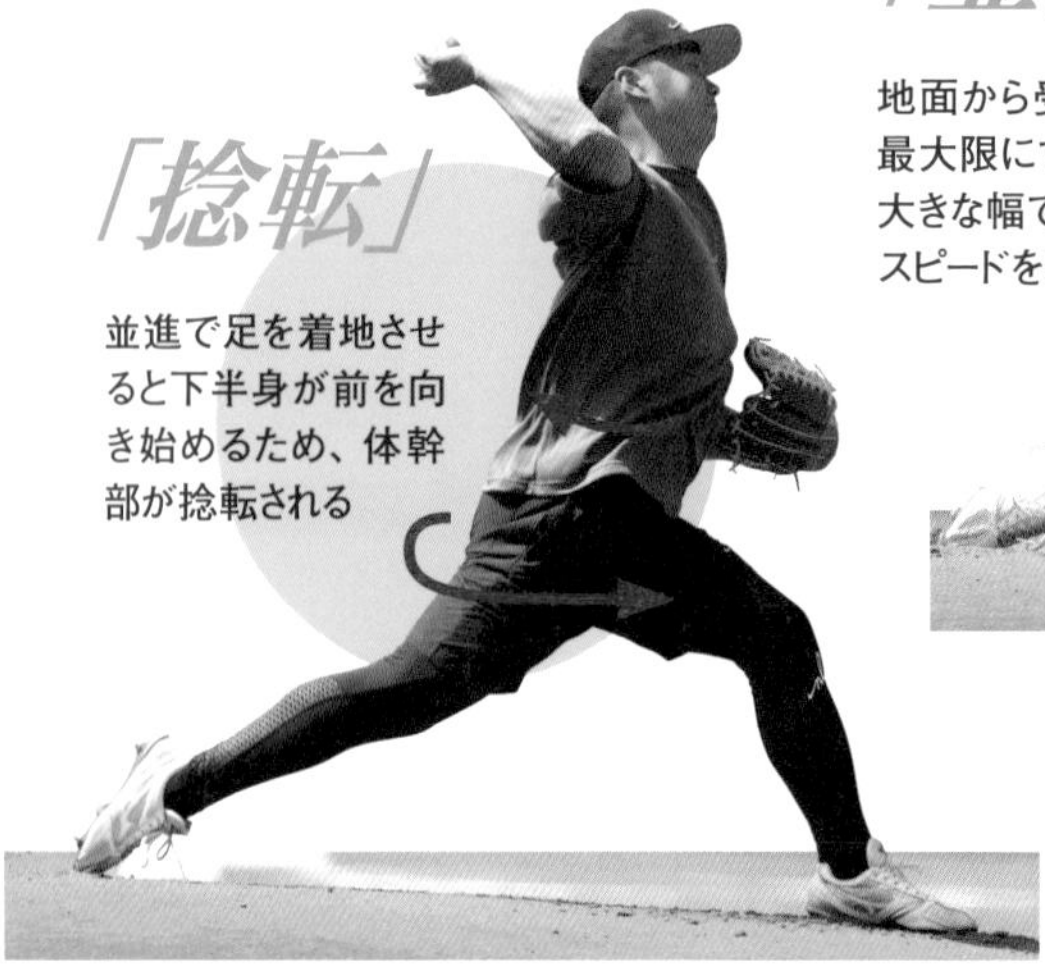

「捻転」

並進で足を着地させると下半身が前を向き始めるため、体幹部が捻転される

フォースとベロシティを生み出す要素は「地面の力」です。自重から得る反力や、並進するときに地面を押すときの反動はすべて地面から受ける力です。

地面の力は偉大です。その証拠に、ボールを空中で投げようとしても、強く投げられません。ジャンピングスローなどである程度は投げられますが、地面に足を着いていた方が絶対的に速いボールを投げることができるはずです。

それは地面に足を着いていることで、地面から大きな反力を得られるからです。その地面の力をロスせずにボールに伝えるための体の使い方が、ピッチングの「メカニクス」になります。

腕の助走距離（22ページ参照）を長くして加速するために大切なのが並進の幅とスピードです。

止まった速度「0」の状態から、

「前傾」

体幹が捻転を開始したら、投球方向に上体が前傾しながら腕が振り出される

地面の力を生かせないエラー

NG 着地時の重心が前過ぎる

着地したときの重心の位置が前にいき過ぎてしまうと空中で投げているのと同じことになってしまう

NG 体が伸び上がる

地面から得た力の向きが上方向だとトップに向かうときに体が伸び上がってしまう

並進動作で前に加速し、それに腕の振りを連動させて遠心力を得ることで加速します。さらに、速度を最大にするために大切なのが、体幹の「捻転」や「前傾」のスピードとタイミングです。

　そして、動作の最後に大切になるのが「リリース」です。ピッチング動作から得た運動エネルギーを、ロスなくボールに伝えることで最大の球速を得ることができるのです。どれだけ大きな力を生み出しても、最後にボールの下や横をなでてしまうとボールに伝わる力が小さくなってしまいます。

　つまり、リリースでボールの中心に最大の力を加えるための体の使い方を逆算したものが「ピッチングメカニクス」です。この動作は、頭で考えながらできるものではありません。トレーニングを通じて、球速を出すフォームを身につけましょう。

自然の摂理に逆らわないためのメカニクス

物理的な観点で球速を追求したときにキーワードとなるのが「自然の摂理」です。その土台となるのが「重力」です。そして、動作を開始してからは、「慣性力」と「遠心力」の要素も関係してきます。

地面から受ける力、つまり「地球の力」を考えたときに「重力」という要素は必要不可欠になります。地面を押す力には、かならず重力（重力加速度）が加わります。つまり、「重力に逆らわない」ことが大切です。

たとえば、地面を下方向に蹴れば、そこから得られる反力は上方向になり、重力に逆らった動作になるということです。また、上に蹴ったぶんだけ並進の幅は小さくなります。その結果、ボールに伝わる力も小さくなり、速度も出しにくくなってしまうのです。

次に「慣性力」です。ピッチング動作は、「静→動」をくり返します。

「重力」に逆らわず位置エネルギーを運動エネルギーに変える

重力に逆らわずに体を使うことで、高さの持つエネルギー(位置エネルギー)が運動エネルギーに変換されるため、並進動作で地面を蹴る力と相まって、動作がさらに加速されます。

$$E_p = mgh \Longrightarrow K = \frac{1}{2}mv^2$$

potential energy　mass　gravity　height　　kinetic energy　mass　velocity

位置エネルギー＝ 質量×重力加速度 × 高さ　　運動エネルギー＝$\frac{1}{2}$×質量×速度^2

セットポジションの静止状態から並進動作で加速が起きて、着地脚のブロッキングによって慣性力で上体が前傾することでボールを強くリリースします。このブロッキングが弱くなってしまうと、ボールに伝わる力も弱くなってしまいます。

「遠心力」は回転の半径の長さに比例します。体幹の捻転を使って腕を振り出せていれば、腕だけで投げている人よりも回転の半径は長くなります。たとえば、トップのひじの位置が体より前に出ていれば、回転運動の半径は前腕の長さだけになってしまうのです。

そのベースとなる人間の「体の構造」や「筋肉の特性」も自然の摂理に含まれます。体の柔軟性や可動域は個人差が大きく、4番目の要素「モビリティ(30ページ参照)」で触れていきます。

「モビリティ」と「柔軟性」は決して同じものではない

半径が長いぶん
遠心力も大きい
胸と肩の前面が
引き伸ばされる

投球動作のなかでの「モビリティ」は非常に重要です。モビリティと聞くと、よくある柔軟性をイメージする人も多いかも知れませんが、柔軟性に関しては個人差も大きいため、ここでは省略します。

ストレッチなどを通じて、単純に柔軟性を高めて可動域を広げても、実際に投げるなかで使えていない人を多く見かけます。しかし、投球フォームのなかで「胸を開く」など、可動域を広げて得た助走距離（22ページ参照）を長く使えるか、と静止時の可動域の広さはまったく別モノなのです。

助走距離の長さは、キャパがある人とない人で変わります。もともと助走距離を長く取れない人が、無理して助走距離を出そうとすれば、体への負荷も大きくなります。ゴムに例えると、柔らかいゴムと硬いゴムを同じ長さに張った場合、硬いゴム

プライオボールトレーニング

普段より重いボールを投げることで手で握る意識が薄れ、体が引き伸ばされる感覚をつかめるようになる。

← P.92参照

試合や練習の前は「動的ストレッチ」が有効

動的ストレッチ
（バリスティックストレッチ）

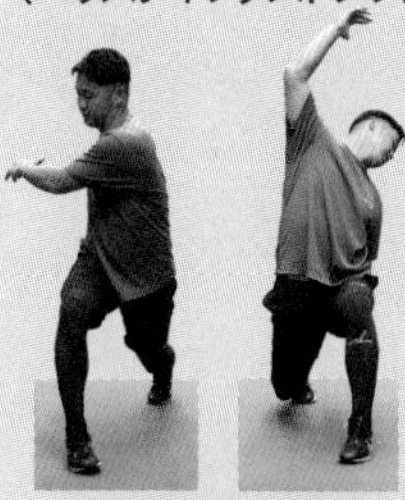

← P.34参照

投球前のウォーミングアップでは、動きの中でのモビリティを高めたいため、反動をつけた動的ストレッチが有効。

静的ストレッチ
（スタティックストレッチ）

クーリングダウンには効果的だが、投球前に行うと筋肉がゆるみ過ぎる

モビリティの低さから起こるエラー

NG ひじが前に出る

胸や肩前面のモビリティが低いとひじを支点とした小さな半径の動きになる

NG 下半身と一緒に上体が回る

下半身と同時に上体も回ってしまうと、胸や肩前面のモビリティから得られる捻転力を生かせない

の方が柔らかいゴムよりも力を発揮できるけれども、切れる可能性が高くなるということです。柔らかいゴムを長く使うということが最適だとは思いますが、投球動作の中で行うと考えると難易度は高くなります。程よく伸びるゴムを身につけ、トレーニングを通じてその太さを出して行くことが大切です。

　自分の体に合わないフォームで最大のパワーを発揮しようとすれば、かならず体をかばうための代償動作が生まれ、その結果、思ったほど力は発揮されなくなってしまいます。つまり、「体に無理のない動作＝球速を高めること」と言えます。

　動きの中での可動域を出すためには、メカニクスと共通にはなりますがプライオボールトレーニング（92ページ参照）が有効です。より可動域を意識しながら行うことでモビリティ寄りのトレーニングになります。

体の「モビリティ」が低いとケガのリスクが高まる

モビリティが低いとさまざまな代償動作が起こり、肩やひじに負担がかかる

プロ野球のように長いシーズンを考えたときに、最後まで自分の体が持つかどうかを考える必要があります。これは、中高生などのアマチュアにも同じことが言えます。

ピッチングフォームの中で、体の回旋に腕の動きが連動せずに、肩やひじの動きが全身の動きと分離してしまっている場合、肩やひじにかかる負荷が大きくなり、ケガをするリスクが高くなります。

たとえば、トップの姿勢を横から見たときに、ひじが前に出ていると、せっかく腕を長く使いたいのに、回転の半径がひじになってしまいリリースのパワーも弱くなるので球速が上がりません。さらに、肩やひじに負荷が集中するため、ケガのリスクが高くなります。

効率よく球速を出せるフォームを身につけることは傷害予防につながるのです。

ひじが両肩のラインの延長線上を通るのが理想

オーバースローの場合、腕のみに頼って上から投げ下ろそうとすると肩の負荷が増えて、ケガのリスクが高くなる

肩関節の周囲には細かい筋肉や腱が多いため、腕を振る角度が悪いと特定部位に負荷が集中してしまいます。ひじが両肩を結んだラインの延長線上を通るようにすることで、肩にかかる負荷が分散されてケガのリスクが低くなります。

なかには、反動を非常にうまく利用して球速を出すピッチャーもいますが、これもケガと紙一重です。

傷害が起こりやすいのは、ひじや肩など関節部分です。筋肉自体でなく、おもに腱の付着部に負担がかかります。

ピッチングは「走る」、「歩く」などの日常動作の延長ではありません。とくに、オーバースローなどのように頭の上で物を持つことは日常では非常にまれな動作です。せいぜい高いところのものを取るときくらいのことでしょう。

つまり、ピッチングは非常に特殊な動作で、人間の体の構造を考えると、そもそもが体に悪い動作なのです。だからこそ、できるだけ体に負担がかからない動作にしなければいけないのです。体のどこかの部位に負荷が集中しないように、より全身を使った動作をすることが重要です。

モビリティを高めるための内田式ウォーミングアップ

「下を回して上は残す」もしくはその逆に「上を回して下を残す」の意識で上半身と下半身の連携を大事に投球前のモビリティを高めよう。

ここでは、私がこの3年間いつもやっているウォーミングアップを紹介します。実際の試合のピッチングの前だけでなく、普段のレッスンの最初にも行っています。

モビリティを高めることを目的に、20m程度の距離を往復しながら、ここで紹介する14種目の動的ストレッチを行っています。

試合で球速を出したいときにジョグの距離を変えたりはしますが、ウォーミングアップのルーティンを試合と練習で変えないように心がけています。

❶ 股関節まわりのストレッチ

歩きながら片足を上げて両手でひざを抱えて体に引き寄せる

上げた足を下ろして一歩前に進む

反対側の足でも同じことを行い、これを20m程度歩きながらくり返す

② 体幹部と上肢のストレッチ

片足を体の後ろに上げて手でかかとをお尻に引き寄せ、逆側の腕を上げる

上げた腕と足を下ろし、そのまま1歩前に進む

逆側でも同じことを行い、これを20m程度歩きながらくり返す

③ 臀部のストレッチ

脚を後方でクロスさせ、両手で前のひざを押さえながら腰を落とす。起き上がりるときに前の脚を横に運びながら横に進んでいく。10m程度進んだところで反対向きになり、逆側でも同じことを行う

④ 股関節と太ももまわりのストレッチ

脚を前後に大きく広げ、前の脚を手で押さえ、上体を前に倒し、手で体を支えながら腰を地面に近づける

すぐに腰を浮かせ、低い姿勢を保ったまま、逆の脚を前に運んで前進する

反対側でも同じことを行い、これを20m程度くり返す

⑤ ツイストランジ

上体を垂直に保ったまま片脚を大きく前に踏み出し、腰を落とす(ランジ)。腰を落とした姿勢で上体を左右に捻り、踏み出した脚と逆側の手をかかとに近づけるように背中を反らせる。次に1歩前に踏み出し反対側でも同じことを行い、これを20m程度歩きながらくり返す

⑥ サイドランジ

横に1歩大きく踏み出し、両腕を上げながら腰を落とす。10m程度進んだところで反対向きになり、逆側でも同じことを行う

⑦ 腕の回旋

その場で両腕を大きく回す。腕を広げる方向と閉じる方向の両方を交互に行ってモビリティを高めておこう

⑧ 肩の前後のストレッチ

その場で両腕を左右に大きく広げたところから、胸の前で腕を交差させ、反動を使って腕を抱える。次に、腕の組み方を変え、それを連続して交互に行う

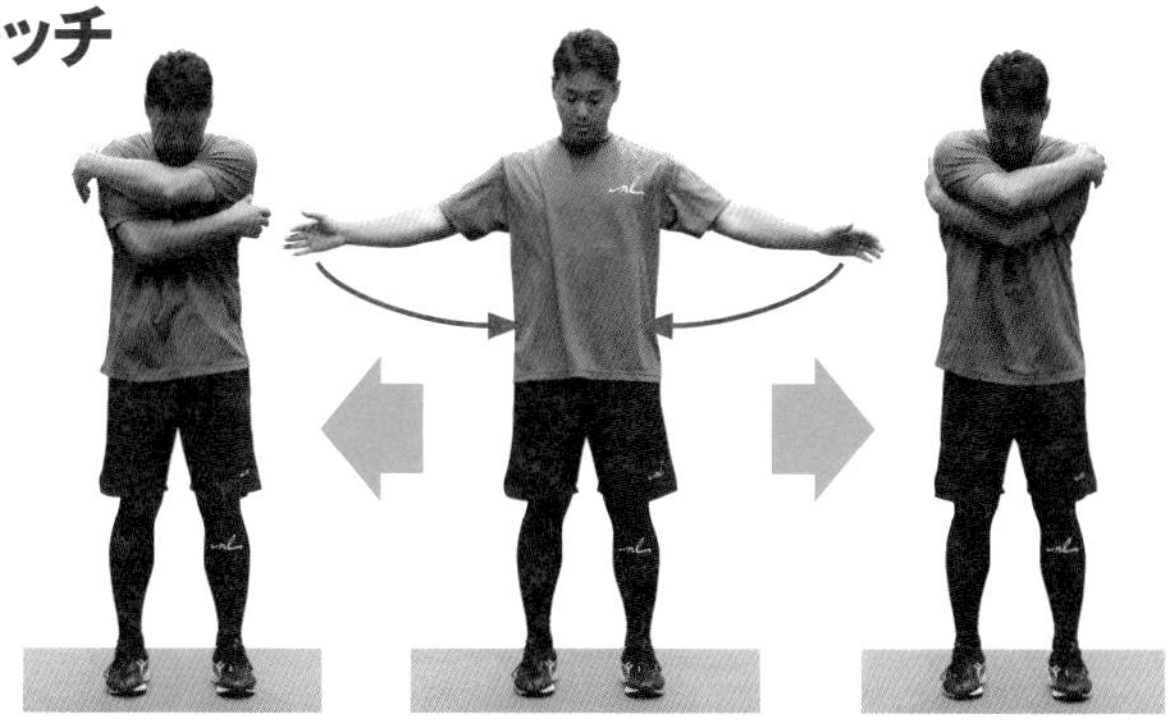

⑨ 肩の上下のストレッチ

その場で立った姿勢で腕を交互に上下に振り上げる。手のひらの向きを変えずに、反動を使ってできるだけ大きく動かすことが大切

⑩ 体幹の回旋

肩幅より少し広めのスタンスで、両腕を左右に大きく振って体幹部に捻りを加える

⑪ サイドステップ

脚をクロスさせずに横向きに送り出すサイドステップ。左右それぞれ20m程度やっておく

⑫ キャリオカステップ

脚を体の前後から交互に送り出しながら横に進むキャリオカステップ。左右それぞれ20m程度やっておく

⑬ ツイストステップ

その場で両足で地面に弾みながら、1回のジャンプごとに両方のつま先の向きを左右に素早く入れ換える

⑭ ダッシュ&バックステップ

20m程度の距離のスプリント。戻るときは後ろ向きのままバックステップを行う

Part 2

ピッチングフォーム 4つのポイント

連続写真❶ 横

Sequence **Side** View

連続写真❷ 前

Front View *Sequence* >>>>>>>>>>>>>>>>>>>>

連続写真❸ 背面

＜＜＜＜＜＜＜＜＜＜＜＜＜＜＜＜＜＜＜＜ *Sequence* **Behind** View

連続写真❹ 後方

Sequence **Back** View

フォームチェック4つのポイント

ここではピッチングフォームにおける４つのポイントを見ていきましょう。ピッチング動作を確認する際にポイントとなるのは、「並進動作」、「テークバック」、「トップ」、「リリース」の４つです。それぞれのポイントにおいて正しく体が使えているかを確認しておくことが大切です。

しかし、ここで紹介するフォームの一点だけを見て、それをなぞろうとするのはやめましょう。

ピッチングは、リリースに向けて最大限に加速して、そこで爆発的なパワーを生み出し、それをボールに伝える複合的な全身動作です。この一連の動きの中の一部分を切り取って修正するのは不可能です。点と点をつないだ動きからは大きなパワーは生まれません。

これは選手だけでなく、指導者にも共通しています。たとえば「トップが低いから上げろ」という言葉を

動作を「点」ではなく「線」でとらえることが大切

複合的な動作を「点」でとらえても、思ったように体の動きはつながらない。
フォーム作りに大切なのは、一連の動きを「線」でとらえること。

○動きを「線」でとらえる

理想のピッチングフォームは正しく体を使った結果できあがるもの。修得するには、形でなく体の使い方を身につけることが必要不可欠になる

NG「点」でつなぐ

一連の動作は「点」でつないだものではない。形だけを切り取ってつないでも、体はその通りに動かない

耳にします。しかし、それはすぐにできるものではありません。それは全体的なピッチングフォームから導かれたトップの位置だからです。それを修正するには、フォーム全体をもう一度見直す必要があるのです。

連続した複雑な動作を習得するときに大切なのが「動きを線でとらえる」ということです。一連の動きとしてとらえることで、動作の連続性が保たれ、そこから生み出されたパワーをロスすることなく、次の動作につなげていけるのです。

つまり、フォームのどこかに問題があるようなら、もう一度全体の動きを見直して、動きの中で修正していくことが大切です。そのためのトレーニングをPart4（89ページ参照）で紹介しています。これらのトレーニングを通じて、自然に正しい体の使い方を身につけることで球速も高まります。

並進動作

「並進動作」では地面を強く押して、大きく速く前に出る。

投球モーションに入ったところから、足を上げ、その足を着地させるまでを「並進動作」と呼びます。

最初に静止した状態から、地面の力を利用して、投球方向に一気に加速させる動作であるため、並進の速度が速いほど球速も速くなります。並進の速度を効率よく球速につなげるためには、並進の中でバランスを崩さないことが大切です。

バランスよく並進するために必要なのは、まず自分の重心を理解することです。足を上げて重心を高くしたところから、重心を落としながら一気に加速させるイメージです。地面からの力を利用すると同時に、位置エネルギーを運動エネルギーに変えるイメージで一気に動作を加速させましょう。

重心位置が安定していないと、片足立ちになったときに後ろにのけ反ったり、並進中に上体が前につっ込

んだりして、地面から得た力をロスして並進の速度につながりません。また、姿勢が乱れることで体幹の使い方も変わるため、全身の動きにも大きな影響をもたらします。

　バランスを崩さずに並進を速めるためには、メディシンボールを使ったトレーニングが非常に効果的です。

メディシンボールトレーニング各種

全身を使って重く大きいボールを投げることで、ボールに力を伝える体の使い方を自然に身につけることができる

← P.130参照

並進スピードを速くする

❶重心を高くする

片足立ちになるときは重心を胸くらいに上げるイメージ。

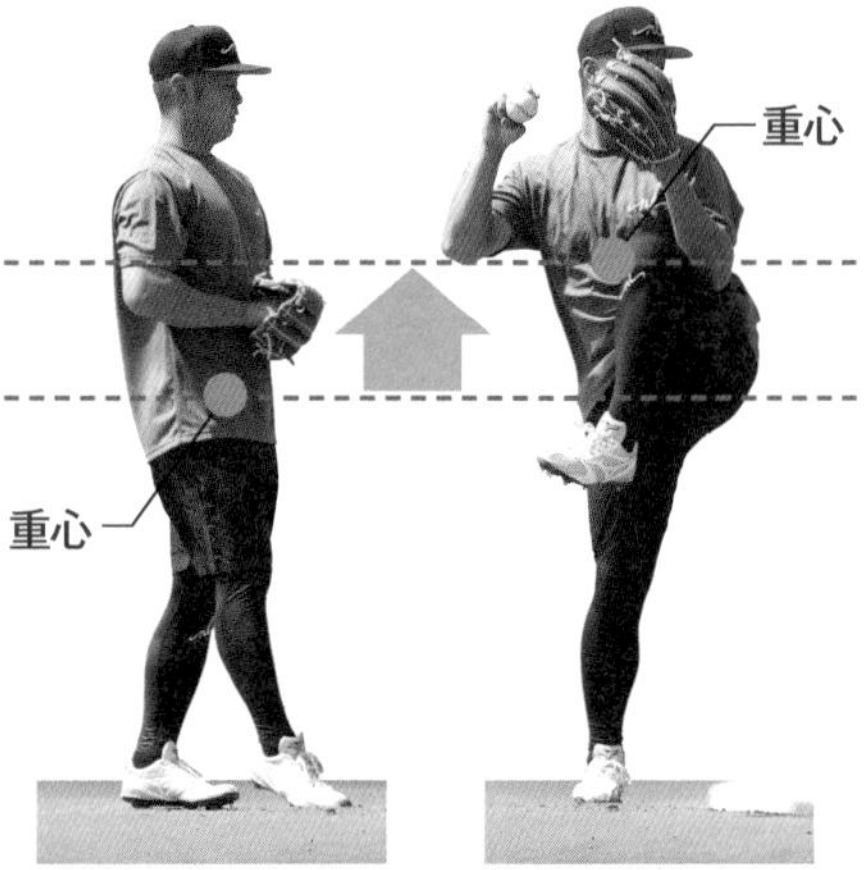

❷並進動作を加速させる

並進と同時に重心を下げることで、位置エネルギーを運動エネルギーに変換する。

起こりがちなエラー

NG 上体がつっ込む

上体が前につっ込んでしまうと体幹が使えないため、並進動作で得たエネルギーを生かして腕を振ることができなくなる

NG 上体が後方に残る

重心が後方に乗り過ぎていると、投げるときに上体がつっ込んでしまう

NG 上体がのけ反る

のけ反った姿勢のまま投球はできないので、どこかで体をつっ込ませる動作が必要になる

テークバック

フォームができればテークバックの位置も自然に決まる。

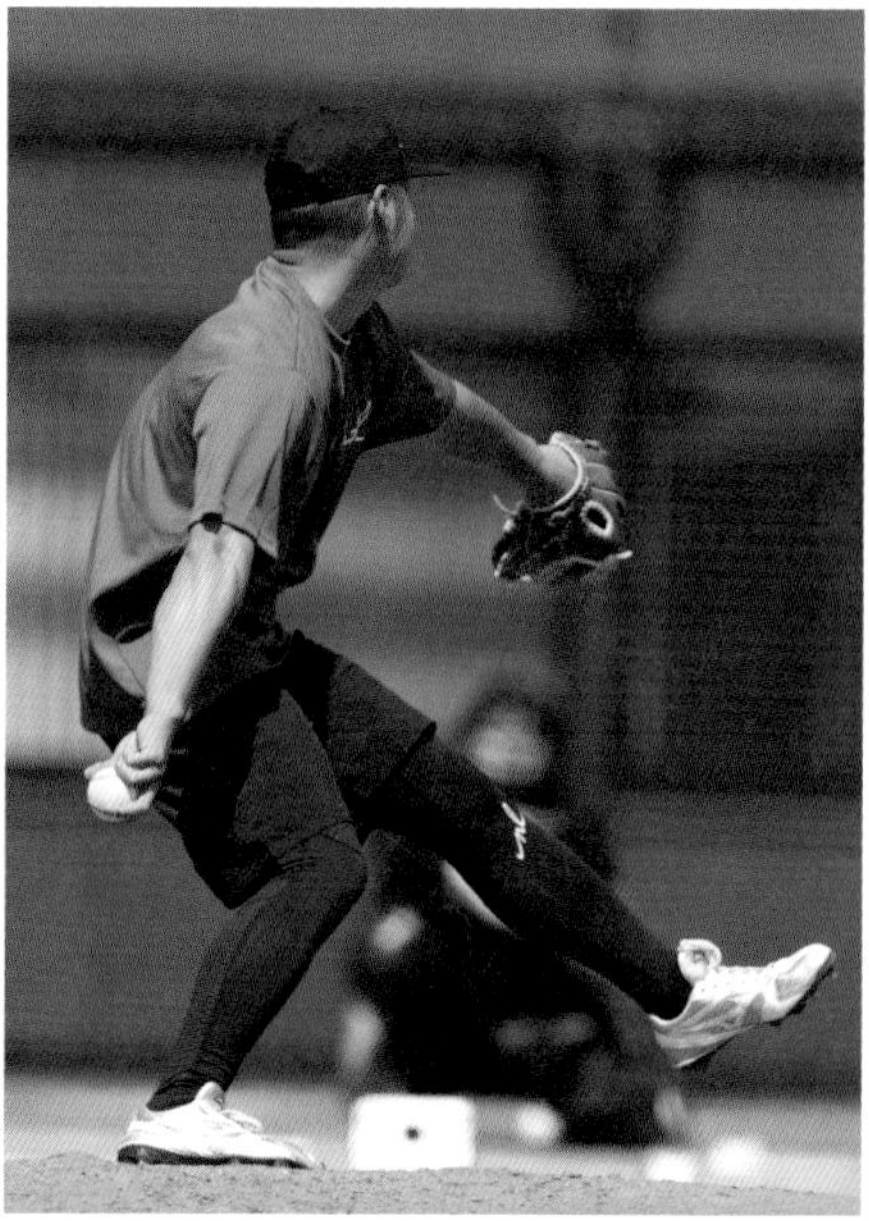

テークバックの位置は非常にデリケートな部分です。コーチや周囲の人間は、絶対にテークバックはいじらないようにしましょう。

トップ層の選手がピッチングフォームを改造しようとしてバグってしまう原因も、ほぼテークバックにあります。

私はテークバックをいじることでトラブルになった選手を非常に多く見てきました。実際、野球経験の浅い指導者はピッチャーのテークバックをいじる人が多いようです。プロ野球選手の見た目がこうなっているから、とそれを作ろうと考えているようです。

腕の内外旋などについても、動作のなかで自然にできるもので、自分で意識して作るものではありません。腕の動きは、内旋→外旋→内旋などと言われていますが、なかにはテークバックで内旋していない人もいま

す。

ピッチング動作はいろいろな動作が組み合わさってプログラミングされ、最後のリリースにつながっています。そのなかでテークバックは他の歯車では補え切れない部分です。その歯車を1個変えることは、非常にリスクの高いことです。似たような形でうまくハマればいいのですが、それに問題があって歯車が欠けてしまうと、すべてが崩れてしまうのです。もちろん、もとから壊れているのであれば変えなければなりませんが、自分の意識だけでピンポイントにテークバックだけ変えることはできない部分です。

テークバックは、連続したピッチング動作を行ううえで、唯一無二の歯車です。他の動作をつなぐために結果的に大きくなったり小さくなったりするものです。

今までまったく野球をやったこと

がない場合は、誰かをマネしないと始まらないので、最初はプロのマネでもかまいません。

しかし、ある程度野球をしてきた人が、何の理由もなくテークバックを変えるのは絶対にやめた方がいいと思います。

「コントロールがどうしようもない」、「明らかに球が弱い」などのときに試行錯誤の一つとしてやるのはいいかも知れません。しかし、その場合も、自分がもっとも投げやすいポジションに腕を引くのが理想であることを忘れてはいけません。

もし、テークバックの位置が毎回バラバラになって、どうしても小さくしたいのであれば、それはスローイングの練習のなかで、自分がしっくり来るピッチングフォームを作っていけばいいのです。フォームが安定すれば、結果的にテークバックも小さくなることでしょう。

ケガにつながるエラー

NG テークバックで腕を背後に引く

テークバックは自分が投げやすいところが基本だが、背中側に腕を引いてしまうとケガのリスクが高まるので注意しよう

軌道の途中で鋭角に切り返すポイントができる

NG 腕のスイング軌道

トップでの腕の軌道が鋭角になるためひじや肩にかかる負荷が大きく、ケガのリスクが高くなる

○ 通常の腕のスイング軌道

トップ

トップのひじの位置はケガ予防の観点から非常に大切。

トップの位置はケガとコントロールの観点で非常に重要です。トップのときに、並進動作で下半身がしっかり回っていて、上半身が残っていることが大切です。

また、並進動作で足が完全着地したときに、ひじの位置が両肩を結んだラインの延長線上もしくは少し下くらいになるのが正しいトップです。

肩のラインより大きく下がり過ぎてしまうエラーがよく見られます。明らかにひじが上がって来ないままのフォームで投げるのは、後々に肩を痛める典型的なパターンです。

通常、腕が弧を描いて前に来ますが、ひじが低い位置から腕を振ると、トップでの腕の軌道が鋭角になります。ひじの位置が低いと体との距離も近くなり、そのまま投げればボールは上に投げ出されます。それを自分でコントロールしようとして引っかけたり、無理やり押さえつけて投

げなければならないのです。

　筒の中を通すイメージで腕でスムーズな弧を描くように投げれば、ボールをコントロールできますが、どこかでグッと力を入れる動作ではコントロールするのが難しくなります。

　現場で見ていて、肩を傷める人がもっとも多いのがこのパターンです。無理な動作を入れると、そのぶん大きな反動を使ったフォームになります。球速を出そうとしたら、その方がいい可能性もありますが、体に大きな負荷がかかるため、それも長続きはできません。

　横から見たときのひじの位置も大切です。ひじが前に出過ぎていると、胸の筋肉がゆるんで体幹の力を使えないため、球速は出せません。胸が引き伸ばされることで「助走距離（22ページ参照）」がとれるのです。

　これには体のモビリティ（30ページ参照）も関係します。個人差の大

下は回転、上は残った状態

きな部分ですが、肩甲上腕関節の柔軟性と胸郭とのバランスが問われます。これは単なる柔軟性ではなく、ピッチングのなかでの柔軟性を意味しています。

球速に悩んでストレッチをやっている人も多くいますが、そもそも柔軟性が高いと速いボールが投げれるわけではありません。むしろ筋力が不足している場合がほとんどです。柔らかいものを硬く使うことでパワーが発揮されるのです

ストレッチではそれほど伸びなくても、ピッチング動作のなかで柔軟性が出ればいいのです。

速い動作のなかで柔軟性を使えずにゆるめてしまったり、力んでしまったりすると柔軟性は使えません。「体は回りたいが、腕は残したい」ときの体の使い方をプライオボールトレーニング（92ページ参照）で身につけておきましょう。

起こりがちなエラー

NG ひじの位置が低い

ひじの高さが低過ぎると、ひじを中心とした回転になるため、軌道が鋭角な反動を使った投げ方になる。その結果、ひじや肩に大きな負荷がかかり、ケガのリスクが大きくなる

○ 大きな弧を描く

回転の半径が大きいほど、関節にかかる負荷が小さく、生み出される遠心力も大きくなる

NG 上体がつっ込む

上体がつっ込んでいると、そのまま投げれば地面に叩きつけるようなボールになるため、前に投げるために手首を背屈させるエラーにつながる

プライオボールトレーニング各種

全身を使って重く大きいボールを投げることで、ボールに力を伝える体の使い方を自然に身につけることができる

← P.92参照

リリース

ボールに力を乗せ切ることで自己最速の投球ができる。

投げ出されるボールのスピードは、リリースでどれだけ大きな力をボールに伝えることができるかで決まります。ピッチングフォームの中で大きなパワーを生み出し、それをボールに伝えるのが「リリース」です。

つまり、内力を外力に変換する部分であるため、リリースで力が逃げてしまうと、それまでの動作の意味がなくなってしまいます。もちろん、指先からボールをリリースするのですが、手から足までつながったイメージを持つことが大切です。

リリースで勘違いされがちなのが「スナップ」です。ボールを投げるときに「スナップを利かせる」などという言葉をよく耳にしますが、投げるときに手首を使うことはありません。むしろ、リリースのときには手首を固定する能力の方が大切になります。

最後に手首を使うことでより加速するイメージを持っている人もいるかも知れませんが、実際は腕が回旋しているので、手首を背屈させる意味がないのです。とくに手首の過度の背屈は絶対にタブーです。

手首が背屈してしまうと下肢からのつながりが途切れて、それまでに加速して大きくなった力が逃げ、ボールに伝わらなくなってしまいます。体の中心から発揮した力を、ボールの中心にしっかり伝えることが大切です。

ボールの中心をとらえて、物体に力を加える動作を覚えるにはプライオボールトレーニング（92ページ参照）が有効です。

もう一つ大切なのが、最後に指を抜く向きです。ボールの横側をなでるようなリリースをしている人は、ボールに伝わるパワーを大きくロス

最大限に加速した状態で手首や指先を使うのは不可能

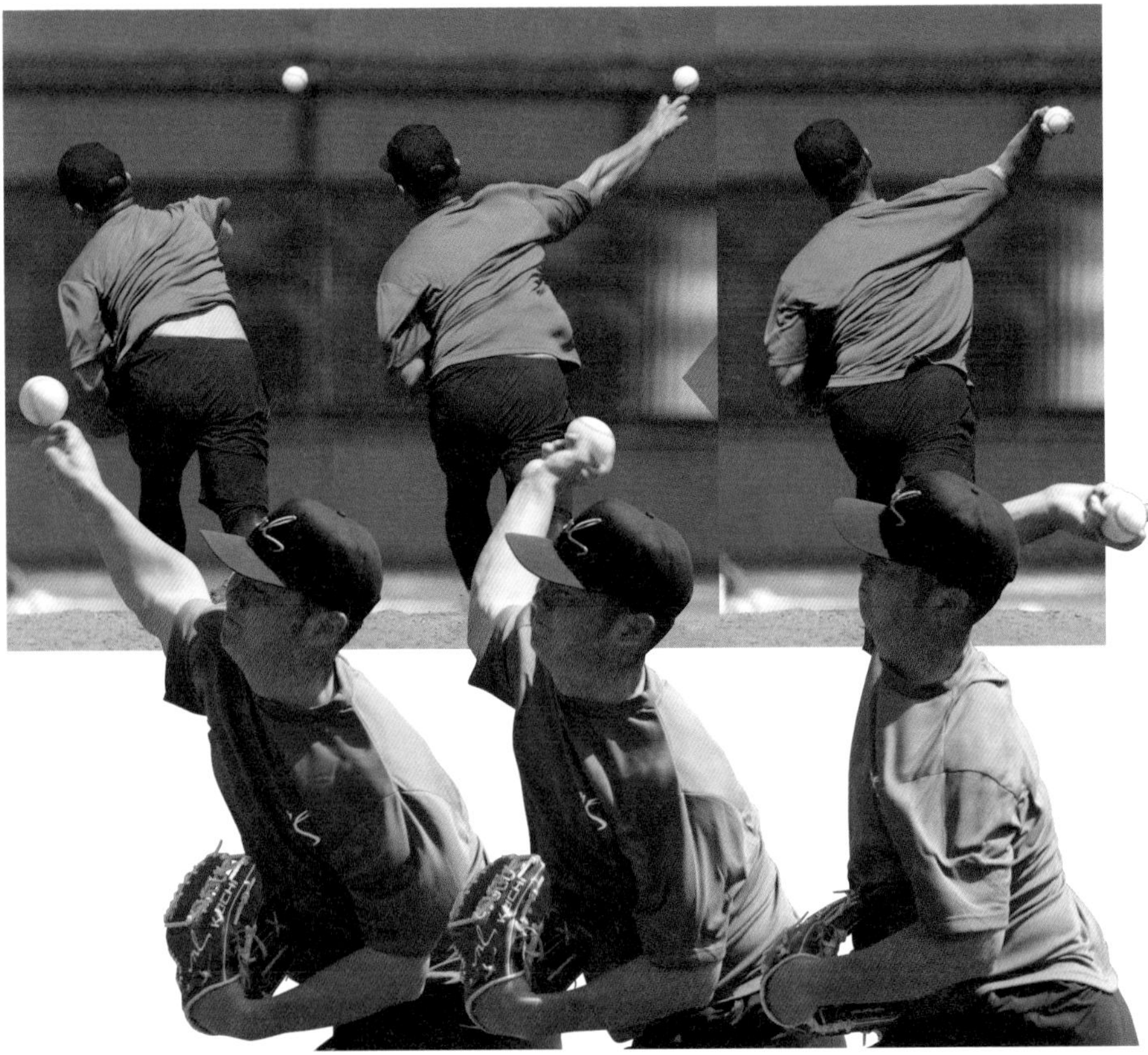

しています。１５０ｇの硬くて小さなボールであれば、ひじが抜けていても、最後に指先でごまかして何となくうまく投げることができるものです。自分では意識していなくても、手首を使ったり、指先を使っていることも少なくありません。

実際、腕の振りが最速になる球の離れぎわに、末端の動きを意識して体を使うのは不可能です。だから、体の全体の動きの中で正しいリリースをできるようにしていく必要があるのです。

無意識に指先を使った投げ方をしている人に対しても、プライオボールは有効です。プライオボールでは、日ごろの悪癖が露呈されます。大きく重いボールを投げることで、指先でなく、体幹から伝達された力を手全体でボールに伝えて投げる感覚を自然に身につけることができます。

起こりがちなエラー

NG 手首が背屈する

ひじが前に出てしまうと、手首を背屈させないと前に投げられなくなる

手首を使って投げようとするとボールの下をなでで、力が逃げてしまう

○ 最後まで押し出す

リリースは指先になるが、最後にしっかりボールの重心を押し出すことが大切

NG 指を抜く方向が悪い

正しく体が使えていても、最後のリリースで押し出す方向が悪いと力が逃げて伝わらなくなる

プライオボールトレーニング各種

全身を使って重く大きいボールを投げることで、ボールに力を伝える体の使い方を自然に身につけることができる

← P.92参照

○ ボールに力が伝わる

ボールの重心をとらえてリリースで指先で押し出すことで発揮した力をボールに伝えることができる

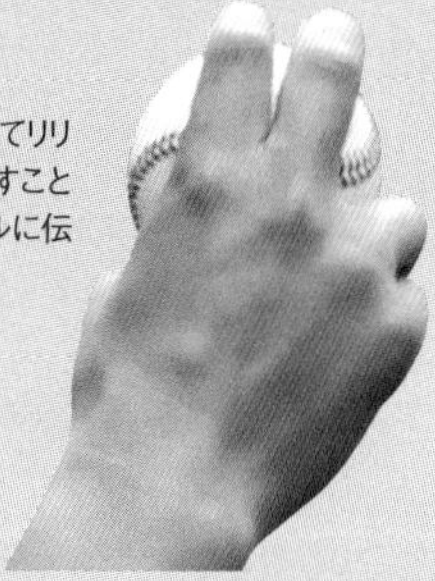

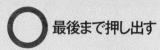

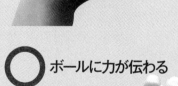

投手に大切な「指先のケア」

ピッチャーであれば、肩やひじと同様に指先をケアしておくことが大切。パフォーマンスアップだけでなく、ケガやスランプの予防にも役立つ。

選手にとって体のケアは非常に大切です。ピッチャーの場合、とくに念入りに日ごろからケアする習慣をつけておくことが不可欠です。

練習や試合の前のウォーミングアップは本書でも紹介しましたが、投球後のクーリングダウンも重要です。その方法は人それぞれで、何がよいかも諸説ありますが、筋肉を酷使した後に疲労物質や違和感を残さないことが大切です。

もう一つ、ピッチャーであれば、忘れてはならないのが「指先のケア」です。誰もが小まめに爪を切っているとは思いますが、「保湿」に関してはどうでしょうか？

指先の乾燥は「ボールの指のかかり」に大きく影響します。指のかかりは、ボールやもみ砂の違い、気温や湿度の影響を受けます。

試合球は試合前に表面のワックスや光沢を落とすため審判員によって一つひとつ「もみ砂」を使って手もみされる

よく「メジャーのボールは滑りやすい」と耳にしますが、実際にNPBボールなどの国内使用球と比べてMLBボールは摩擦係数が低く、もみ砂の粒も小さいため滑りやすいようです。しかし、それは相手チームのピッチャーにとっても同じです。

指先の乾燥に関しては、個人個人の努力で状態をコントロールできるものです。指が滑ることで、コントロールが定まらないだけでなく、マメやフォームの乱れから起こる傷害などにつながるケースもありますので、日ごろから「指先の保湿」に関しては神経質になっておく必要があります。

Part 3

よく質問される
ピッチングに関する
Q&A

Q1

誰でも速い球を投げられるようになる？

A1 目標とする球速を出すための「権利」を手に入れる

まず速いと一言で言っても、人によってイメージする球速が違います。今、100キロ投げられる子であれば110キロ、140キロ投げられるなら150キロという風に、まず自分が目標とする数字を出す「権利」を獲得しなければスピードは出せません。

「権利」とは、「フォース（18ページ参照）」や「ベロシティ（20ページ参照）」、「メカニクス（24ページ参照）」、「モビリティ（30ページ参照）」を出すための体のパワー的な前提です。たとえば、体重30kgしかない人が150キロ出すのはおそらく無理なことでしょう。まずは、しっかりトレーニングして食事を摂る必要があります。

ウエイトトレーニング（104ページ参照）は、ピッチャーとしての動きがどうこうでなく、全身の筋量を増やすことが目的です。野球っぽいトレーニングを意識する必要はありません。

もちろんウエイトだけで野球がうまくなるわけではありませんが、いろいろなものをかけ合わせて野球につなげていくことが大切です。それを日々追求するのが私たちの仕事です。その後、フィジカルテストなどの目標数値を目安に、いかにうまくパワーを発揮するかを考えながらトレーニングしていきましょう。それと同時に投げ方のメカニクスを調整していくことが大切です。

Q2

筋力が強くなれば球速も上がる?

A2 4つの要素が噛み合って自己最速が投げられる

筋力が強くなって体重が増えれば、球速を高めるための土台となる「フォース（18ページ参照）」は強くなります。しかし、闇雲に筋力トレーニングしたところで、速い球を投げられるようにはなりません。

土台となる「フォース」と同時に、「ベロシティ（20ページ参照）」、「メカニクス（24ページ参照）」、「モビリティ（30ページ参照）」に関しても突き詰めていく必要があります。これらの全部が噛み合って速い球が投げられるようになるのです。

まずウエイトトレーニング（104ページ参照）では、「押す動作」と「引く動作」を意識して、全身にまんべんなく筋肉をつけていくことが大切です。メディシンボールトレーニング（130ページ参照）では、回旋方向に物体に力を加えて投げることで、「フォース」と「ベロシティ」のトレーニングになります。プライオメトリックトレーニング（120ページ参照）は、おもに「ベロシティ」を高めることを目的としたトレーニングです。プライオボールトレーニング（92ページ参照）は、実際のピッチングに近づけていくことで、「フォース」、「ベロシティ」、「メカニクス」を身につけるための複合的なトレーニングになります。

そして、これらのトレーニングを通じて、パワーを発揮するための「モビリティ」を高めていきましょう。

Q3

「ボールの威力」が弱い。どうすればいい？

A3 打者に差し込めるのが「ボールの威力」と考えられる

「ボールの威力」という言葉をよく耳にしますが、非常に抽象的で何を威力とするのかをよく聞かれます。「重いボール」や「軽いボール」という表現もありますが、ボールの重さは150gで変わりません。

これらに関しては、厳密に解明できていない部分も多いのですが、プレーヤーレベルに置き換えて考えると「ベース板上での球の強さ」ということになると思います。

ボールにいかに自分の体重を強くぶつけられているか、ボールがベース板に入る角度、などによって、ボールの威力と感じられるものが変わるのではないかと考えられます。

そのように考えるならば、威力があるように見せる方法はあると思います。

たとえば、リリースポイントが低いボール(74ページ参照)は、上から投げ下ろされるボールに比べて、手もとで伸びて来るように感じられるため、ボール自体に威力があるように感じます。実際に打つときに少し差し込めることで、バットを通じて感じる抵抗も大きくなります。

実際のベース板上での球の速さが初速を上回ることはありませんが、スピードの落ち幅が小さいことで、手もとで伸びて来るように見えるのです。

他にも、変化球とのコンビネーションで打者の感じるストレートの威力を変えることもできます。

140km/h以上を目指す上級者限定メソッド

リリースを10cm低くして「ボールの威力」を高くする

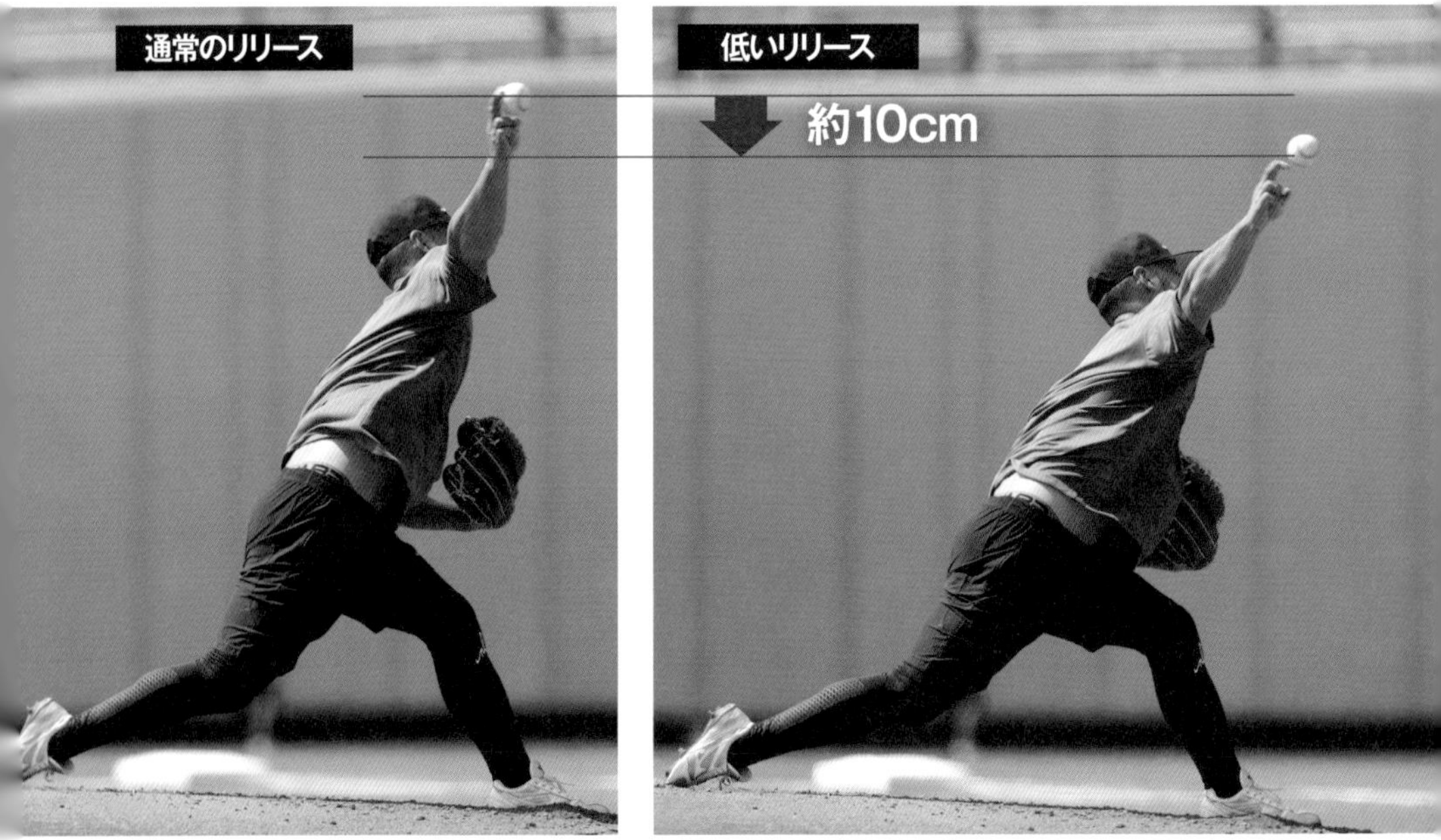

ここで紹介するピッチングフォームは、時速１４０キロ以上を目指す上級者向けのメソッドで、本書で説明してきたものと少し矛盾する要素が入ります。野球は球を速くするだけの競技じゃないということも忘れないようにしましょう。

ここでは、打者から見たボールの威力を高めるために、リリースポイントを下げてベースに入る角度を浅くする投げ方を紹介します。下げると言っても10cm程度が限界です。下げ幅がそれ以上になると、ピッチングメカニクスが崩れてしまいます。

まっすぐにこだわるのであれば、上から投げ下ろすボールの方が位置エネルギーが大きく、球速は出ると思います。しかし、球速を多少犠牲にしてでも、打者の打ちにくさを考えると、ベース板上の入射角をより水平に近づけ、上に吹き上がるようなボールを投げた方がいいでしょう。

リリースを 10cm低くすることで起こる弊害

リリースポイントをほんの10cm下げるだけで、ボールの威力を得られると同時にそれと引き換えに、体にかかる負荷が大きくなりケガのリスクも高くなる。

リリースポイントを10cm低くすることで、上体の前傾がきつくなって上腕が内旋する。前腕には外旋方向に力が働いているため、ひじや肩にかかる負荷が大きくなる

打者から見たときに、球がホップして手もとで伸びる感覚になるため威力を感じ、空振りや振り遅れの可能性が高くなります。

しかし、特定部位にかかる負荷が大きくなるため、体に求められる前提も異なります。身体的な強度も必要で、最後のリリースで指先でボールをしっかり押し出せていないと、この投げ方はできません。プロ野球選手のような「生活のために野球をしている人」はここまでこだわってもいいでしょう。

リリースポイントを10cm下げるときは、通常のピッチングフォームよりも少し潜り込んで投げるイメージになります。

横から見た並進動作のイメージをジェットコースターのレールにたとえるなら、レールの最初の一つを少し下げるイメージ（77ページ参照）で体を使うといいでしょう。

リリースポイントを下げるためには、ピッチング動作全体を低くする必要があります。並進を開始するときに、重心が移動するレールの最初の一つを少し下げるイメージで動くと、結果的にリリースポイントが低くなります。

腕だけでリリースポイントを低くしようとすると、ひじの位置が下がるなど、全身の動作のつながりが途切れて力が逃げてしまうので注意しましょう。

通常のリリース

140km/h以上を目指す上級者限定メソッド

リリースを低くするために並進動作で少し潜り込む

低いリリース

Q4

腕を振り出すときにひじが抜けてしまう

A4 ピンポイントでは直せない。全体的なアプローチが大切

NG テークバックで腕を背後に引く

投球中にひじの位置が下がってしまうのはよくありません。どの世代にもありがちで、よく相談を受けるエラーパターンです。日々行っているプライオボールトレーニングの中でも、「ひじが抜けない」ことをもっとも大事にしています。

ひじが下がることで、肩やひじを使って投げる要素が大きくなります。そのぶん肩やひじにかかる負荷が大きくなり、傷害を引き起こすリスクも高くなります。ピッチングでは、できるだけ大きい関節を使って、肩やひじに本来は必要ない伸展が加わらないようにすることが大切です。

投球動作中に意識的にひじの位置を高くしようとしても、それは不可能です。並進動作が始まって全身で加速してからは無意識の動作になるからです。投げるときに意識できる部分ではないので、ピッチングやキャッチボールのなかで意識するのはあまりよくありません。むしろ、それ以前に練習する必要があるのです。

「ひじが下がっている」、「ひじの位置を上げろ」などと言われても、下げたくて下げているわけではありません。自分では下がっていることに気づいていないのです。スローイングのなかで、それがエラーということがわかれば正しくなっていくことでしょう。まずエラーということに気づく、気づかせてあげることが大切です。そして、スローイングのアプローチをしていくのがよいでしょう。

Q5

セットとワインドアップで投げ方を変えるべき?

A5 体の使い方の基本は同じ。投球の差をなくすことが大切

つねに軸を意識することが大切

○

自分の重心位置を意識した動きができていれば、ワインドアップでもセットポジションでも並進動作からは同じ体の使い方ができるため、セットポジションで球速が落ちることはなくなる

NG 重心が後方に乗る

ワインドアップで重心が後方に乗ってしまう人は、重心移動が大きくなり、つっ込みやすくなる

セットポジションもワインドアップも並進動作が始まってからの動きは同じです。セットポジションだと間合いが使えるので、個人的にはセットポジションの方を好んでいます。

セットポジションでは、モーションに入るまでの時間をかけたり、クイックモーションで投げるなど、バッターとの駆け引きができるのがセットポジションのメリットです。今後、ピッチクロックの導入でこの辺りがどうなるかを、注意深く見ていきたいと思います。

ピッチャーのなかには、ワインドアップの方が強いボールを投げやすいという人もいます。しかし、ランナーが出ると一気に球速が落ちてしまうようであれば、セットポジションの技術を身につける必要があります。

1回軸足に体重を乗せ切らないと投げられない人はクイックモーションが苦手で、クイックモーションにすると球速が落ちてしまいます。ワインドアップで後ろにある重心を前に持っていく力を使わないと投げられないのです。このような人に多いのが、片足に乗ることで前につっ込んでしまうことです。

このようなトラブルをなくすためには、並進動作を開始した直後から、自分の重心位置をとらえたまま投げられるようにすることが大切です。

Q6

小中学生は変化球を投げない方がいい?

A6 指導者がフォームを正せるなら遊びの中で投げておくとよい

NG 腕だけで投げる

腕だけで投げようとしたり、ひじから先の動きでコントロールしようとするとケガを起こすリスクが高くなる

変化球に関してはさまざまな意見があります。もともと私も変化球に対する球数制限をかけたり、小学生なら遊びで2~3球投げる程度にしていました。しかし、今は少し考え方が変わってきています。

小中学生の時期は、神経系統が顕著に発達する時期です。投球動作の観点から考えると、変化球はストレートよりも体の操り方は難しくなります。そんななかで、変化球だけ神経系統の発達期が終わって大人になってから身につけるのはナンセンスといえます。

私の考え方としては、若年期の感覚的に身につきやすい時期に、遊びの中で投げておいた方がいいと思います。ボールのどの部分をリリースしたら、どのように変化するかを感覚的に身につけることで、自然とボールの重心をとらえられるようになり、結果的にコントロールの練習にもなります。

また、ケガの観点から見ても、私の経験上、変化球よりもむしろストレートの方がひじにかかる負荷は大きく、実際にケガをする人も多いようです。

しかし、変化球を明らかに腕だけで投げようとする人が多いのも事実です。それは危険なので、指導者の監視が大切です。つまり、指導者がフォームの乱れを正せるという前提があれば遊びで投げておいた方がいいと考えています。

Q7

甲子園に出るための
高校選びのポイントは？

A7 自分の将来を親とともに考える

いろいろな相談を受けますが、とくに多いのが中学から高校の進路に関するものです。中学に進学する際に、どの学校やクラブチームに入ろうと、人生をそこまで大きく左右するものではありません。しかし、高校の進学は違います。高校や大学時代の友人はその後の人生に大きく影響します。

私の場合、中学生ながらに野球だけの人間になりたくないと漠然と考えていたため、甲子園優勝の歴史もある文武両道の高校への進学を決めました。当時のシニアの監督やコーチなどの憧れの学校だったこともあると思います。

いちばん大切なのは、本人がこの先の人生どうなりたいかです。中学生だけの考えでは本当に先のことまで考えられないので、いちばん的確な進路を親と一緒に考えることが大切です。そこに関して、親バカになり過ぎてはいけません。

たとえば、甲子園に出るのがその家族の目標であれば、甲子園を狙える学校だけを考えればいいと思います。ただ、長い人生のなかで甲子園に出ることの意味がどれほどのものなのかを冷静に考えることが大切です。確かに一時的にメディアに露出して盛り上がるかも知れませんが、優勝してドラフトにでもかからない限りは一過性のものです。そこまで親が考えたうえで進路を考えることが大切です。

強豪校であれば、もちろん野球ありきの高校生活になるので、将来野球でどうなりたいか、という考え方が中心になりますが、その進学先で人として成長できるかどうかを考えるのも親の役目です。

私も、もし人生をやり直すとしたらとよく聞かれます。アメリカの学校に行ってみたいという希望もありますが、それが叶わないのであれば、また同じ高校に入りたいと思うほど充実した高校生活を送ることができました。人生は周囲の友人から受ける影響も大きいものです。なかでも、高校や大学時代の友人の質は非常に大切です。

とはいえ、なかなか情報が入りにくいという人も多いはずです。そんな方々のためにも、私のような立場の人間がいるというのも事実です。直接、知らない学校の監督でも、一人介せば全国のどこの学校にも連絡が取れるような立場にあるので、自分である程度進路を決めたうえで、然るべき人に相談するといいでしょう。

Q8

最近、よく耳にする「ピッチトンネル」って何?

A8 ピッチトンネルを生かした変化球を身につけよう

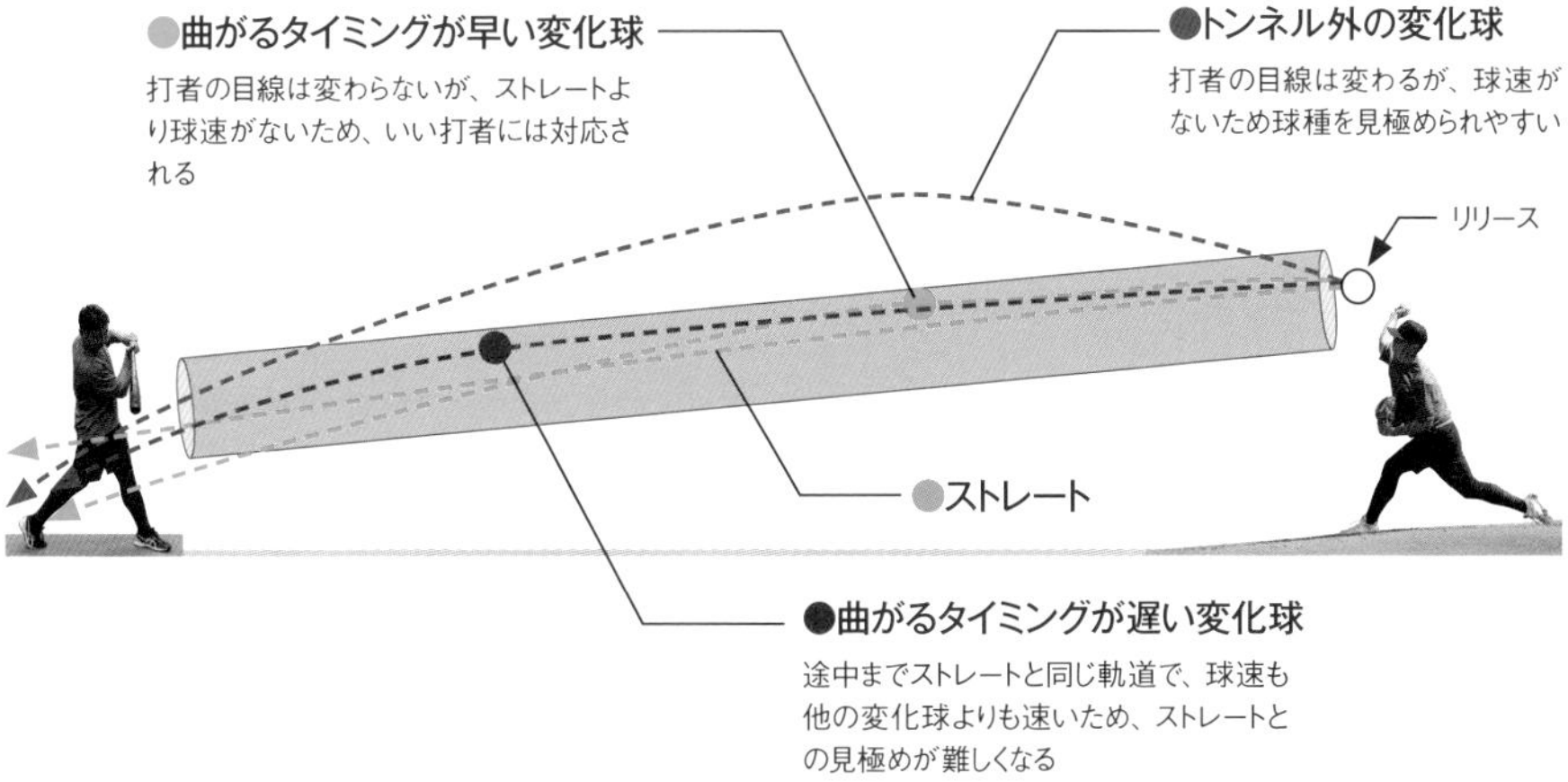
●曲がるタイミングが早い変化球
打者の目線は変わらないが、ストレートより球速がないため、いい打者には対応される
●トンネル外の変化球
打者の目線は変わるが、球速がないため球種を見極められやすい
リリース
●ストレート
●曲がるタイミングが遅い変化球
途中までストレートと同じ軌道で、球速も他の変化球よりも速いため、ストレートとの見極めが難しくなる

ピッチトンネルとは、ボールがピッチャーの手もとを離れてから通る軌道です。現代野球では、球速が上がり、このトンネルから出し入れする変化球とストレートとのコンビネーションの使い方が重要になってきています。

曲がりの大きいカーブなど完全に打者の視線を変えるような変化球も目線を変える意味で効果的ですが、変化が大きいぶん球速も落ちるため、いい打者であれば見極めが簡単になります。とくに、近年は打者のスイングも鋭くなっているので、そのぶん大きく変化するボールは対応されやすくなってきています。その一方で、ピッチトンネル付近から曲がるボールに騙されやすいのが今のトレンドです。

途中まではストレートと同じ軌道で、打者に近いポイントで変化させることで球種の見極めが難しくなり、ミスをする可能性が高くなるのです。バッターから７ｍあたりのところで変化するのが理想と考えられています。ピッチトンネルから変化するボールの代表的なものに、フォークボールやカットボールがあります。これらの変化球は、ストレートを併せて使うと非常に有効です。ただし、これも球速があってこそ効果的に使うことができるのです。

フォークボールの握り

人差し指と中指で左右からボールを挟むように握る。このときもボールの中心を意識して、中心に向かってギュッと握ることが大切

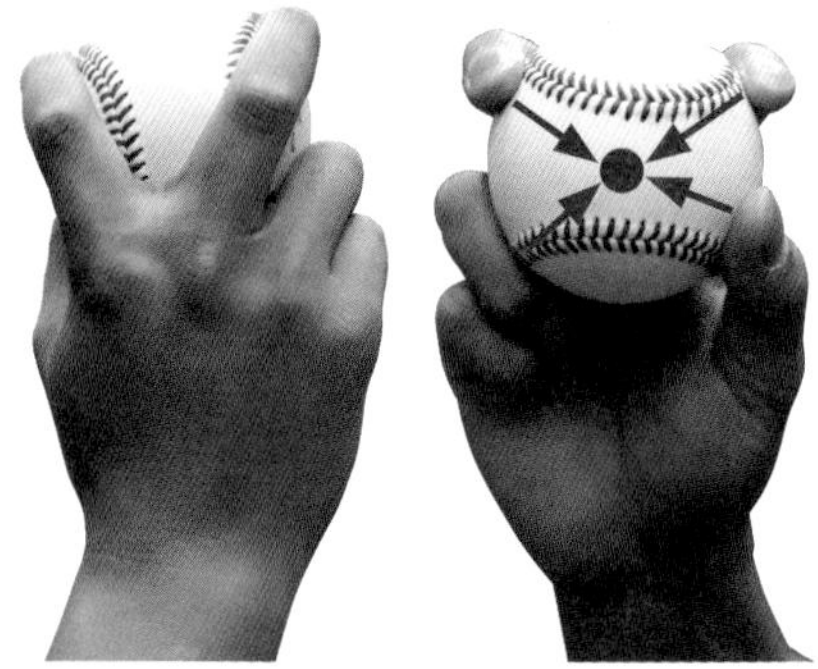

NG 上に抜ける

ボールの中心を握れていないとリリースで上にすっぽ抜ける

カットボールの握り

ボールの中心の真上に中指がくるように握る。この場合もボールの中心を意識してしっかりと握ることで力が逃げずにボールを押し出すことができる

NG 横に抜ける

中心を握る意識が薄いとリリースで横に抜けて力が逃げてしまう

これらの変化球を投げるときも、投げ方の基本はストレートと同じです。

フォークでは、人差し指と中指で挟むようにボールを握りますが、このときもボールの重心をとらえて投げることが大切です。ボールの重みに負けてしまうと、ボールが上に抜けてしまいます。ボールが抜けようとする力に負けないように、ボールの中心に向かって握り込み、手首が抜けないようにすることが大切です。

カットボールの握りでは、指の位置が中心から横にズレますが、このときもボールが横に抜けないように中心をとらえて握り、リリースでボールが横に抜けて外に逃げないようにすることが大切です。ボールの内側をしっかり握って、まっすぐ押し出しましょう。ボールの内側を投球方向に強く押し出せていないと、球が弱くなってしまいます。

いずれにせよ、球速は時速10～15キロは落ちるので、そこに打者のポイントが合ってきたときに、ストレートを投げれば、差し込むことができます。

このように、トンネルのなかでの変化球においても重心をとらえることが、まっすぐの球速にもつながっていくのです。

Part 4

球速を効率よく高める
4種のトレーニング

トレーニングを始める前に

P.104参照

ウエイトトレーニング

FORCE　VELOCITY　MECHANICS　MOBILITY

P.92参照

プライオボールトレーニング

FORCE　VELOCITY　MECHANICS　MOBILITY

球速を速くするためのトレーニングをする前に、そのトレーニングの意図をしっかり理解しておくことが大切です。ピッチングフォームを変えることは、一つ間違えると今まで身につけてきたものがすべて崩れてしまう危険があります。ピッチャーにとって非常に大きなことだけに、そのトレーニングも正しく行うことが大切です。

「フォース（18ページ参照）」、「ベロシティ（20ページ参照）」、「メカニクス（24ページ参照）」、「モビリティ（30ページ参照）」の4要素をターゲットに、日ごろから以下の4種類のトレーニングをやっておきましょう。

●プライオボールトレーニング

プライオボールを使う最大の目的は「メカニクス」を身につけることです。通常は、重いボールから段階を追って徐々に150gに近づけていきます。重いボールを使用して行うときは「モビリティ」、軽いボールで速さが出てくると「ベロシティ」の要素も含まれてきます。

全身を使った動作で、ボールという物体に力を伝えるという点においては「フォース」とも関係した複合的なトレーニングです。

プライオボールトレーニングでは、丸いボールの重心をしっかりとらえるための体の使い方を自然に身につけることができます。できるだけ、指先などの末端部分の意識をせずに体を動かすことが大切です。

●ウエイトトレーニング

ウエイトを使って大きな負荷をかける筋肥大を目的としたトレーニング。これは、おもに「フォース」の

P.130参照

メディシンボールトレーニング

FORCE　VELOCITY　MECHANICS　MOBILITY

P.120参照

プライオメトリックトレーニング

FORCE　VELOCITY　MECHANICS　MOBILITY

トレーニングです。筋肉をつけることで体重が増え、発揮できるパワーも増大します。また、反動をつけたり、動作を速めることで「ベロシティ」にもつながります。

ウエイトトレーニングにおいても、物体の中心をとらえて、物体に力を加えるという点ではピッチングと同じです。バーベルやプレートの重さの中心を意識してトレーニングに臨みましょう。そして、最終的に150gのボールでも同じことができるようになるのが理想です。

●プライオメトリックトレーニング

重力を利用して、地面から受ける力に反動をつけて大きなパワーを発揮するトレーニングでは、おもなターゲットは「ベロシティ」になります。しかし、瞬間的に爆発的なパワー発揮を伴う種目では「フォース」の要素も含まれます。

地面で跳ねるような動作が主体となりますが、全身を使って一つひとつのジャンプを全力で行うことが大切です。

●メディシンボールトレーニング

メディシンボールトレーニングは、おもに「フォース」と「ベロシティ」を高めることを目的としたトレーニングです。プライオボールトレーニングと同様に、物体に力を加えて投げる動作であるため、種目によっては「モビリティ」をターゲットと考えることもできます。

プライオボールよりも大きく重いボールを使用することで、動作を加速させるにはより大きなパワーが必要です。速度を高めるためには「助走距離」を長くとるトレーニングとしても有効です。

プライオボールトレーニング

左から150g(赤)、800g(黒)、400g(緑)。800gは通常のボールより大きく、他はほぼ同じ大きさ。柔らかい素材の中に、砂などを入れて重さを調整している。中の砂が動くため、軌道が安定しないと砂が暴れてボールの重心も安定しなくなる

内田聖人監修
プライオボール

プライオボール トレーニングは、フォース、ベロシティ、メカニクス、モビリティを投球動作の中で身につけていくためのトレーニングです。使用するプライオボールは柔らかく、中に砂などが入っているため、使い方が悪いと重心が安定しません。

投球フォームに問題のある人は、体の柔軟性を上手く生かせていないことが多いようです。最近はいろいろなストレッチが紹介され、柔軟性の高い子が多いようですが、それをピッチングのなかで生かせないと意味がありません。速い動作のなかで「柔軟性を使えずにゆるめてしまう」、もしくは「力んで柔軟性を使えない」ことが多いようです。これらを使えるようにするのがプライオボールトレーニングです。

そもそも柔軟性が高いと速いボールが投げられるわけではありません。球速に悩んで、可動域を広げるためにストレッチをやっている人も多く見られますが、むしろ筋力が不足していることに問題があります。ストレッチではそれほど伸びなくても、ピッチング動作のなかで柔軟性が出ればいいのです。

これを可能にするためのドリルがプライオボールトレーニングです。練習前に行うモビリティドリルとしても最適です。柔らかい筋肉を硬く使うことでパワーが発揮されるのです。そのために筋力トレーニングを行う必要があるのです。

通常のボールに比べてプライオボールは重いぶん体が伸ばされます。つまり、投球動作のなかでのモビリティドリルになるのです。さらに「物体に力を加える」という観点からも、重いボールを使うことで150gのボールであれば手先でごまかせる動作も、プライオボール ではごまかせなくなってくるのです。

800gボールの特徴

通常のボールより大きく重いので、より自分の体のモビリティが必要とされるため、投球動作のなかでのモビリティを高めるトレーニングになります。ウォーミングアップでも最初に行うことの多いドリルで使用します。

ボールが少し大きいことで指先で持てないため、手のひら全体で持つことで末端の意識がなくなり、体全体を使って投げられるようになります。また、握り方を変える理由は、あえて野球とかけ離すことで結果的に野球に役立つトレーニングにするという意図もあります。

ピッチャーにとって「フォームを変える」のは大きなリスクが伴うため、大きくバグってしまう可能性と紙一重なのです。だから、あえて野球から意識を遠ざけるため、握りを変え、グラブも持たずに行うことが大切なのです。

400gボールの特徴

通常の野球のボールが150gなので、その3倍ない程度の重さのボールです。大きさは野球のボールとほぼ同じですが、通常のボールよりも重いので、指先などの末端部分でなく体の中心からパワーを発揮したフォームを作りやすいメリットがあります。

さらに、ボールに伝える力がズレて変なところをリリースしても通常の硬いボールだとわかりませんが、重心の不安定な400gの柔らかいボールでは自分でわかりやすく、意識しなくても修正できます。モノの中心を捉えるという観点でも役に立つトレーニングになります。

150gボールの特徴

野球のボールと同じ大きさで同じ重さのボールです。800g→400gの練習をより野球に近づけるためのトレーニングになります。大きさや重さは同じですが、柔らかく、中で重心が動くので、野球ボールよりも中心をとらえるのが難しくなります。このボールを練習でうまく投げられるようになることで、野球のボールもうまく投げられるようになります。

トレーニング時の注意点

●目線より上に投げる

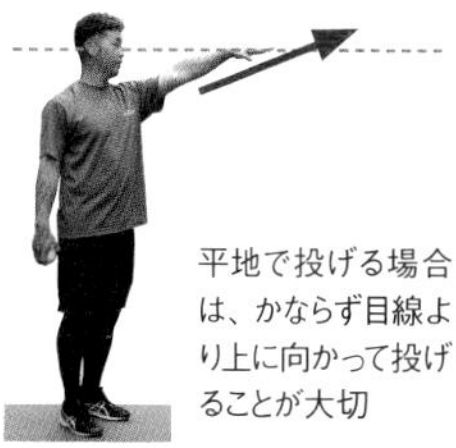

平地で投げる場合は、かならず目線より上に向かって投げることが大切

実際のピッチングとの歩幅と上体の前傾の違い

マウンドからフルパワーで投げるときは、平地で軽く投げる場合に比べて歩幅が大きく、上体の前傾が深くなる。実際のピッチングに直結したトレーニングにするためには、投げ出し方向を変える必要がある

フルパワーで行わないプライオボールトレーニングでは、普段のピッチングより歩幅が小さく、前傾も浅くなります。このようなトレーニングのときに、普段通りにキャッチャー方向に投げて練習していると、通常のピッチングで歩幅が広がって上体の前傾を深くしたときに下に叩きつけるための練習になってしまいます。そのままの体の使い方でキャッチャーに投げようとすると、リリースの際にひじを抜いて投げるしかなくなってしまいます。

そのため、実際のピッチングでキャッチャー方向に投げるための体の使い方を身につけるためには、トレーニングでは目線より上方向に投げることが大切になります。

トレーニング時の
注意点
あえて野球と異なる握りをすることで体の使い方を身につけられる

●ボールの握り方

指先でなく指のつけ根でボールに圧をかけるイメージで5本の指でボールを包み込むように握る

NG 手首のスナップ

手首が背屈してしまうと下肢からのつながりが途切れてしまう。5本指で握ることで背屈すると抜けて投げられなくなる

ボールの重みで腕が後方に引かれて胸や肩の前面が引き延ばされる

手首を使わずに、通常の5割程度のスピードの腕の振りでボールを投げる。リリースの瞬間は指先からになるが、手首の動きでなく、腕の振りで投げる感覚を身につける

プライオボールトレーニング❶

800gボール使用

体の正面に投げる

ボールの重さで体幹が伸ばされる感覚を身につける。

800gボールを使って、体の正面方向に前向きに投げるトレーニングです。全力でなく、5割程度の力でボールの重みを感じながら投げましょう。

正面に向かって投げることで、体幹に捩れを作る動作が不可欠になります。ボールの重みを感じながら、体幹をしっかり捻ることで、胸や肩の前側をしっかり伸展させたフォームになり、ピッチング動作の中でのモビリティを身につけることができます。

投げる方向に胸を向け、グローブをつけずに、ボールを5本指で握ったところから投げる

投げる方向を目線より高い位置に定め、足を動かさずに体幹を捻ってテークバックする

トレーニング時の
注意点

ボールを目線より上に向かって正しく投げる ことが実際のピッチングにつながる

●リリース方向

とくに横向きの姿勢から投げるときは目線より上に向かって投げることが大切

●ひじの位置

○

体幹の捻りから得た力をボールに伝えることでボールの威力が強くなる

NG ひじが前に出る

ひじが早く前に出てしまうと、体幹の捻りを使えずにボールの威力が弱くなる

並進動作により下半身主導の動きになるため、体幹が捻られ、右肩の前面、胸が引き伸ばされる

体の回転に遅れて腕が振り出される。リリースの際に手首を使わずに、体から得たパワーをロスなくボールに伝える

FORCE VELOCITY MECHANICS MOBILITY

プライオボールトレーニング❷

800gボール使用

横向きから投げる①

体を回転させ、体が前後に引っ張られる感覚を磨く。

800gボールを横向きの姿勢から投げるトレーニングです。重いボールを使って体を大きく動かして力を伝える練習になります。

通常のピッチングのように、目標方向に向かって横を向いたところから、投球方向に軽く1歩踏み出し、5割程度の力で軽く投げてみましょう。

横向きの姿勢から投げるためには、自分で体を反転させる必要があります。前に踏み出したときに、上体も一緒に回ってしまうと体幹の捻りから得た力をボールに伝えられなくなるので注意しましょう。

通常のピッチングと同様に、目標方向に向かって横向きの姿勢からプライオボールを投げる

実際のピッチングより小さなステップで並進する。横向きから投げる場合は、投げる方向を目線より高い位置に定めることが非常に大切になる

トレーニング時の
注意点

小さいボールでもあえて野球の握り方をしないことで体の動き方を身につけられる

野球と同じ握りで投げると、プライオボールでも日ごろの悪癖が出やすくなるため、あえて野球から遠ざけることで、無意識に正しい体の使い方が身につきます。

ボールの大きさが小さくなるが、重さは通常の3倍近くあるので、5本の指を使ってボールを握ることで、ボールの重心を意識した動きをすることができる

NG 上体が一緒に回る

上体が早く回ったまま投げるとボールは左方向に投げ出される

目標方向に投げるために途中で力を抜く

並進動作による重心移動と体幹の捻りから得た力をロスなくボールに乗せるイメージで体を使うことが大切

全力でなく6割程度のスピードで腕を振り抜く

プライオボールトレーニング③

400gボール使用

45°の向きから投げる

横向きに少し近づけて体の回転を入れる。

実際のボールとほぼ同じ大きさの400gのボールを使用したトレーニングです。いきなり横向きから投げると体幹の捻りを使えなくなってしまう人のための補足トレーニングです。

斜め45度向きで行うことで、上体を残したまま体を下半身から動かし、体幹の捻転を作る練習ができます。

目標方向に向かって45度のスタンスで立ったところから投げる練習

目線より高いところに目標を定め並進動作を開始する。下半身につられて上半身が一緒に回らないように注意する

トレーニング時の注意点

上体がつっ込んだり 手首でこねたりしないように注意する

NG 上体がつっ込む

上体が前につっ込むと、下に叩きつけるようなボールになる

NG 手首のスナップ

目標方向に投げるために手首で調整する

上体がつっ込むことで、手首のスナップを使って調整する代償動作が起こりやすい

実際のピッチングに近づけたことで、力みが生じたり、手先に意識が行きがちになるが、今まで通りに体幹の捩れを意識することが大切

リリースする方向は目線より上。並進動作で得た速度を体幹の捻りと腕の振りで加速させる

プライオボールトレーニング❹

400gボール使用

横向きから投げる②

横向きで正しくボールに力を加える体の使い方を覚える。

400gボールを使って、横向きの姿勢から投げるトレーニングです。並進の幅を大きくして、今までより少し強く投げましょう。

今までより実際のピッチング動作に近くなりますが、少し強めに投げようとするとひじが前に出やすくなるので注意が必要です。

これまでと同様に、ボールを５本の指で握り、手首のスナップを使わずに投げることが大切です。

横向きの姿勢で実際のピッチングに徐々に近づけていく

並進動作を今までより少し広めにする。そのぶん、今までより少し強めに投げることを意識する。6~7割の力で投げてみよう

トレーニング時の
注意点

手先のごまかしが利かないボールで正しい力の加え方を身につける

150gボールは、実際の硬式ボールと同じ重さで、大きさもほぼ同じです。ただ、柔らかく、中の砂が動くため、実際のボールよりもごまかしが利きません。

硬式ボールの場合、加わる力のベクトルが多少ズレていても手先で調整できますが、そのぶんボールに伝わる力も弱くなります。

このパワーロスをなくすためのトレーニングという意図を理解して練習することが大切です。

通常のボールよりも柔らかく重心も不安定なので、リリースのタイミングやコントロールを手先で調整しようとするとうまく投げられない

体幹の捻転を使って、腕をしっかり振り切ることでボールにエネルギーを伝える

プライオボールトレーニング⑤

150gボール使用

傾斜から投げる

実際と同じ重さのボールでこれまでの感覚を確認する。

実際のボールと同じ重さの150gボールを使って、7～10割で投げるトレーニングです。ボールが軽い方が今までより投げるのが難しくなります。

通常のピッチングと同じ握り方で、マウンドもしくは同様の傾斜からボールを投げます。並進の幅も、普段のピッチングに近づけていきましょう。これまでは目線より上に向かって投げていましたが、リリース方向も実際のピッチングと同じにします。

ボールが柔らかいと圧力が分散するので、手先でコントロールしようとするとうまくいかずにエラーが起こりやすくなります。

本書では、難易度の低い練習から順を追って紹介していますが、なかには意図的に難しい練習から行って、体の使い方をチェックする人もいます。自分の目的に合わせてトレーニングしていきましょう。

マウンドもしくはそれと同様の傾斜板を使って、通常の握りで投げる

並進の幅も今までより広げ、7～10割の力で投球する。目標もピッチングと同様にキャッチャーを想定した方向にリリースする

ウエイトトレーニング

人間の体の使い方は「押す（プッシュ）」動作と「引く（プル）」動作の2つがメインとなります。

そこで、ウエイトトレーニングでも、上半身と下半身の押し引きにフォーカスを当てたトレーニングをしていく必要があります。下半身は垂直方向、上半身は水平方向と垂直方向にそれぞれ「押し引き」の動作があります。それに準じて、私は計6種類のトレーニングを大事にしています。

最近はピッチング動作に負荷をかけるトレーニングなども多く見られます。トレーニングに正解はありませんが、自分がこれで球速が速くなったという観点から、必要な6種類のトレーニングを行うようにしています。どれもオーソドックスなトレーニングですが、姿勢や負荷に注意して行うことが大切です。

トレーニングの反復回数は負荷と連動して考えることが大切です。よって、本書では、一般的にレップ数（Repetition Maximum）と呼ばれている最大反復回数（RM）で表記します。

ウエイトトレーニングを効果的に行う動作の考え方は3つあります。

①筋量を増やすために効率よく筋肥大させる。

②反動を使わずに1ミリ上げた瞬間からパワーを最大に持っていく。

③重いものを反動を使って効率的にうまく上げる。

同じトレーニングを行うときでも、それぞれの方法で負荷を変える必要があります。

ただし、ウエイトトレーニングに慣れるまでは、最初は負荷を落として回数をこなすことから始めましょう。ケガ予防の観点からも、慣れてきてから徐々に高負荷にしていきましょう。

3種類のトレーニング動作とその効果

①筋肥大させるためにゆっくり行う

セット中につねに負荷がかかった状態を維持することで効率よく筋肥大できます。通常の筋収縮（コンセトリック収縮）と引き伸ばされながら収縮する（エキセントリック収縮）効果を得るために、反動を使わず、途中で動作をロックせずに、ゆっくり負荷を操ることが大切です。

エキセントリック収縮

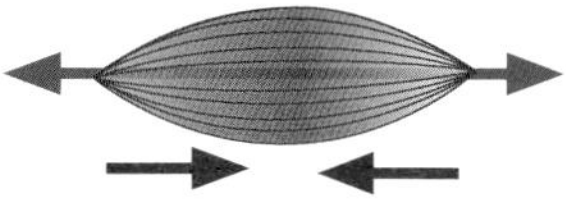

筋肉は収縮しようとしながら引き伸ばされる

②1mm上げたところからフルパワー

野球では、ピッチャーもバッターも止まった0の状態から、リリースやインパクトに向けていかに速く100のパワーを発揮させるかが大切です。少し持ち上げたところから一気にパワー発揮することで、自分の内力だけで加速することを目的としたトレーニングになります。

③反動を使って効率的に上げる

②の動作に反動を入れて、一気に自分の100％の力を出すためのトレーニング。0.01秒後に最大パワーを発揮するイメージで行いましょう。

トレーニング時の注意点

●背中が丸まらない範囲で行う

ウエイトを使ったトレーニングでは、頭→背中→腰が一直線になる姿勢を維持するのが基本です。しかし、関節の可動域は人によって異なります。姿勢が乱れない範囲で体を動かすことが大切です。

背中が曲がったり、反ったりすると腰を痛めてしまうので注意しましょう。

頭、背中、腰のラインをまっすぐに保った姿勢を保つ

NG 背中が丸まる

股関節が硬いと、腰を落としていったときに代償動作で背中が丸まる

●体幹を安定させる

ウエイトの負荷がかかったときでも、体幹が一直線になる姿勢を保つことが大切です。そのためにはお腹にグッと力を入れる必要があります。このとき、ドローインのようにお腹を凹ませて中に締めるのではなく、浮き輪を外側に押し出すイメージで力を入れて体幹を安定させましょう。

○

お腹の周りにある浮き輪を外側に押し出すように力を入れて体幹を安定させる

NG お腹を凹ませる

お腹を凹ませて安定させようとすると地面からの力を使いにくくなる

ウエイトトレーニング❶

スクワット3種

ピッチングとの関連性が大きい「地面を押す力」を強化!!

ピッチング動作のなかで、垂直方向のパワー値が球速に反映される割合が大きいと考えられています。そして、垂直方向のパワー発揮にもっとも直結するトレーニングがスクワットです。それぞれの目的に応じて、❶バックスクワット、❷ボトムストップスクワット、❸ジャンプスクワットの3種類をやっておきましょう。

いずれのスクワットを行うときも、以下のポイントを押さえて、姿勢に注意することが大切です。

トレーニング時の注意点

スクワットの姿勢と体の使い方

①スタンス

スタンスは肩幅より少し広く、つま先を少し外側(30度程度)に向けたポジションが基本になります。このように立つことで、脚の外側と内側にかかる負荷が均等になり、脚全体で立っている感覚を得ることができ、ひざにかかる負担も小さくなります。

これよりスタンスが広くなると内側にかかる負荷が大きくなり、狭いと外側にかかる負荷が大きくなります。

トレーニングをやっているうちに、ベストのスタンスを自分でわかるようになることでしょう。

②関節の使い方

動きの中では、足首、ひざ関節、股関節など、下半身の関節をロックしないことが大切です。最後にジャンプを入れた際の空中姿勢を除いて、ゆっくりとした動きの中では、関節を伸ばし切らないように心がけましょう。

関節が伸び切る手前までで動きを止める

③グリップ

バーベルを持つ手は、バーの下から支えるようにローバー気味に握るのがおすすめです。このように握ることで、よりお尻の筋肉(臀筋)に負荷をかけることができます。

FORCE | VELOCITY | MOBILITY

❶ バックスクワット

推奨負荷 8～10RM

最大筋力を高めるための筋肥大を目的とした全身で行うスクワット

1

バーベルを首の後方にかつぎ、両肩と首のつけ根でバーを支える。股関節、ひざ、足首を伸ばし切らずに軽く曲げた状態で立つ

2

2～3カウントしながら、背中が丸まらないところまでゆっくり下げていく。セーフティバーの高さを事前に調節しておくことで、1回目から10回目まで同じ下げ幅でまんべんなくトレーニングできる

3

2～3カウントしながら、下半身の関節が伸び切らないところまでゆっくり上げる。回数をこなすことを優先するのでなく、途中でオールアウトしてもいいので、しっかり負荷をかけることが大切

❷ ボトムストップスクワット

推奨負荷
❶の70～80% 5回

自分の体の中のパワーを一気に最大まで上げるスクワット

1

バーベルを担いだところからスクワットを開始。自分でウエイトをコントロールできるスピードでバーベルを下ろす

2

完全にセーフティバーにバーベルを乗せ、一度、体の力をある程度抜いた負荷0の状態を作り、0.5秒程度止まる

3

バーベルを1mm上げたところから一気に最大パワーを発揮してバーベルを上げる

QUICK

4

反動を使わずに自分の内力だけでフルパワーを発揮するトレーニング

FORCE VELOCITY MOBILITY

③ ジャンプスクワット

推奨負荷
❶の50〜70% 5回

反動を使って動きの速度を出すためのスクワット

下半身の関節を軽く曲げた姿勢からスタートする

セーフティバーの高さを目安に、姿勢に注意してスッと体を下げる

切り返しの反動を利用して一気に動作を加速させながらジャンプする

トレーニング時の

注意点

ケガのリスクなく、トレーニングを効果的に行うための注意点

NG 背中が丸まる

背中が丸まったり、腰が反ってしまうと背中や腰を傷めるリスクが高くなるので、姿勢が乱れない範囲で行うことが大切

NG ひざが前に出る

バーベルを下ろすときに、ひざが前に出てしまうと腰が反りやすく、動作もスクワットになってしまう

SLOW

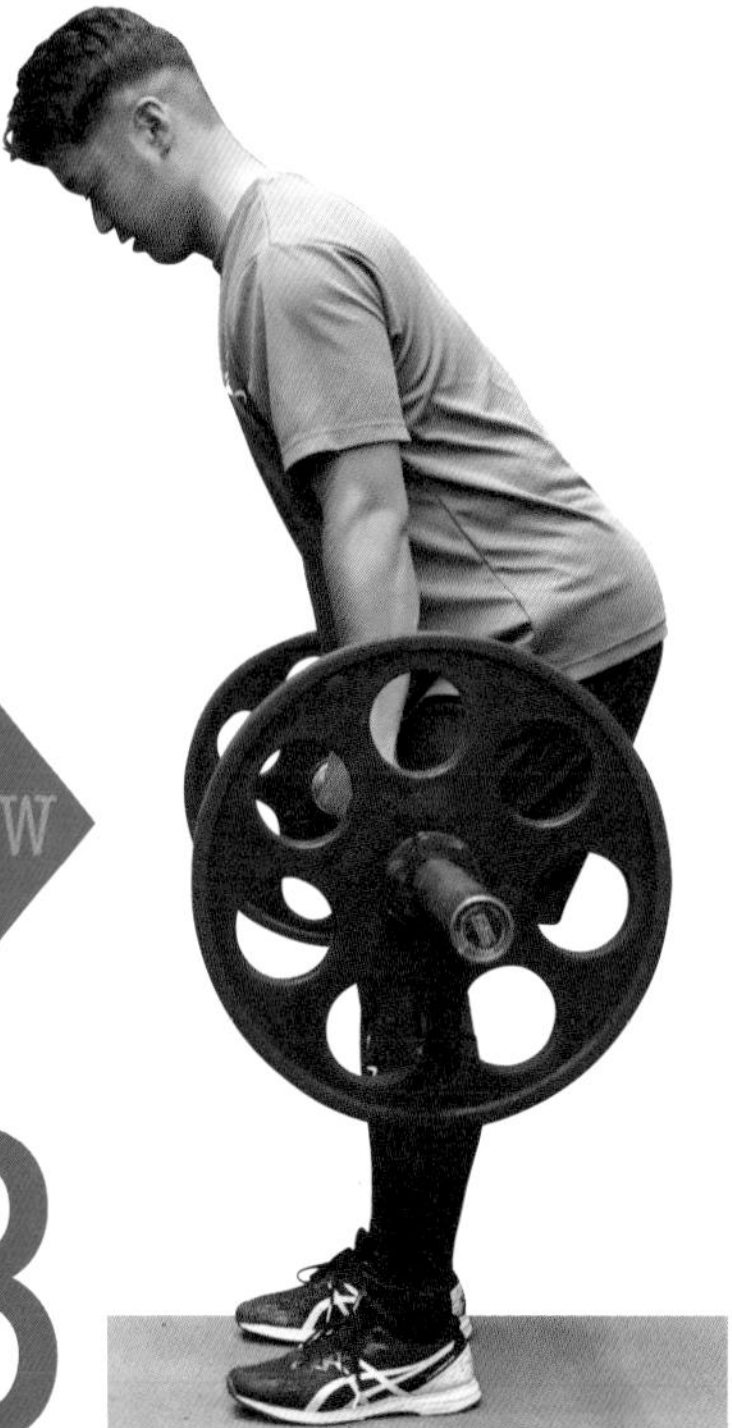

3

足の裏で地面を下に押すイメージで、ハムストリングと臀筋を使ってゆっくりバーベルを上げていく

SLOW

4

2～3カウントしながら、下半身の関節が伸び切らないところまでゆっくり上げる

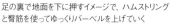

ウエイトトレーニング❷

8～10RM 推奨負荷

ルーマニアンデッドリフト

垂直方向の「下半身で引く力」を強化するトレーニング。

下半身の筋肉を使った下半身のプルを目的とした、太もも裏側（ハムストリング）とお尻の筋肉（臀筋）のトレーニングです。

背中をまっすぐに保ち、バーをひざの少し下まで下ろすのが基本ですが、体の硬さには個人差があるため、背中が丸まらない範囲で行うことが大切です。

1 バーベルを体の前で持ち、下半身の関節を軽く曲げた姿勢からスタートする

2 ひざが前に出ないように注意しながら、背中が丸まらない高さまで2～3カウントでゆっくりバーベルをひざ下まで下げていく

ウエイトトレーニング❸

推奨回数 5回

ベンチプレス

水平方向に全力で「押す力」を身につけるトレーニング。

　ベンチプレスは上半身で胸の正面に向かって押す力を強化するためのトレーニングです。競技者によってさまざまな方法がありますが、よりピッチングに生かすためには、足をしっかり踏ん張って、少し腰を浮かせて、全身を使ってリフトすることで、末端の力を上体につなげる感覚をつかみましょう。しかし、ウエイトの重さを競う目的ではないので背中のアーチを作り過ぎないように気をつけましょう。

トレーニング時の注意点

ベンチプレスの姿勢と体の使い方

①グリップ

　グリップの幅は自分でもっとも力を発揮しやすいポジションで握ることが大切です。握り方としては、親指と他の４本の指でしっかり握り、できるだけ手首側で持つことで全身から得た力をリフトにつなげやすくなります。

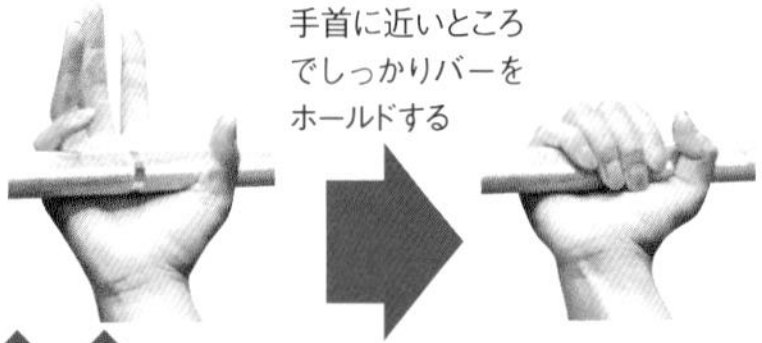

手首に近いところでしっかりバーをホールドする

NG 向かない握り方

手首を反らせて（背屈）下から握ると手首を傷めやすい

親指を使わずに握ると前腕の内側の筋肉（屈筋群）を使えない

②バーの位置

　最初のバーの位置はアゴの正面あたりで、足を踏ん張れる位置に置くことも大切です。

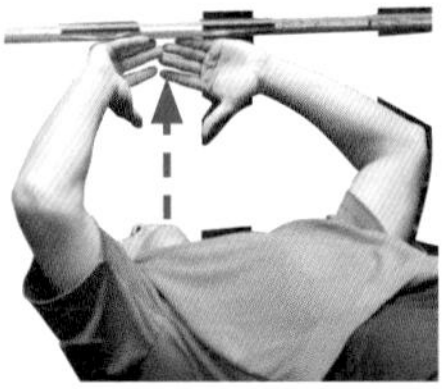

③バーを下ろす位置

　お尻を多少浮かせてアーチを作ってもかまわないので、みぞおちくらいにゆっくり下ろしていきましょう。アーチを作ることで胸の正面より下に向けて押す動作になるため、ケガの観点からもより安全性を保てるようになります。

腰を浮かせて上げることで、バーを押し出す方向はみぞおちの正面辺りになる

NG 首やアゴの前に上げる

首やアゴの前に向けて上げると肩にかかる負荷が大きくなるので注意が必要

1

グリップした後に足を踏ん張れる位置に置き、お尻を少し浮かせてアーチを作った姿勢からスタートする

2

SLOW

肩甲骨を内側に引き寄せながら、2～3カウントしながらみぞおちくらいにゆっくり下ろし、2～3カウントでゆっくり上げる。反動をつけて行う場合は、スッと下げたところから、切り返しの反動を使って一気に上げる

ウエイトトレーニング❹

8～10RM 推奨負荷

ベントオーバーロウ

水平方向に「引く」筋力を身につける上体のトレーニング。

1

ひざを軽く曲げ、背中が丸まらない範囲で、できるだけ上体を水平に近づけた姿勢からスタートする

2

最初に少し反動をつけ、少し浮いたところから、背中の筋肉を意識して上げる

トレーニング時の **注意点**

少し反動をつけることで体の裏側の筋肉を動員させる

腕を胸の方向に引きつけるときに必要な背中側の筋肉にフォーカスしたトレーニングです。上半身をできるだけ水平に近づけ、背中が丸まらない範囲で行いましょう。

ゆっくり引き寄せてしまうと、先に肩や腕の筋肉が動員されて背中に効かなくなってしまうので、少し反動をつけて上げたところから、ゆっくり下ろすのが効果的です。

上体の前傾

柔軟性は人それぞれ異なるため、背中が丸まらない範囲で上体を前傾させることが大切。ウエイトを持つとさらに前傾しにくくなるので注意しよう

3

肩甲骨を引き寄せるように背中側の筋肉で引き上げることが大切。腕や肩の力で上げないように注意しよう

4

筋肉が引き伸ばされるのを感じながら、ゆっくり2〜3カウントで下ろす（エキセントリック収縮）

FORCE VELOCITY MOBILITY ※反動ありの場合はFORCE+VELOCITY

ウエイトトレーニング5

8～10RM 推奨負荷

ショルダープレス

垂直方向に「上半身で押す力」を強化するトレーニング。

肩の筋肉を使った上方向へのプッシュ力を鍛えるトレーニングです。座った姿勢で行う人も多いトレーニングですが、地面から得た力を生かした全身のパワー発揮の観点からも立って行う方が効果的です。

トレーニング中にきつくなってきたら、反動を使って上げて、ゆっくり下ろすように変えてもかまいません。肩甲骨の上方回旋を意識して、真上にプッシュしましょう。

SLOW

SLOW

1

バーを下から支えるように握り、アゴの前で持ったところからスタートする

トレーニング時の

注意点

肩幅より広めのグリップでアンダーバーで握る

握り方

バーの下から持ち上げるようにアンダーバーで握る

グリップ幅

肩幅より指３～４本広い位置でバーを握る

2

肩甲骨の上方回旋（P.119参照）を意識しながら頭上に持ち上げる。バーをギュッと握ってしまうと、前腕や手首に力が入ってしまうので注意しよう。下ろすときは2～3カウントしながらゆっくり下ろす

Option

反動をつけて上げてもよい

きつくなってきたら、上げるときに反動をつけてもかまわない。ただし、下ろすときは2～3カウントしながらゆっくり下ろすことが大切

FORCE VELOCITY MOBILITY ※反動ありの場合はFORCE+VELOCITY

ウエイトトレーニング❻

※10回以上できる人はさらに回数を増やす

推奨回数 10回

チンニング

垂直方向に「上半身で引く力」を強化するトレーニング。

1

グリップを少し広めに握り、肩甲骨が左右に大きく広がった状態からスタートする

2

腕の曲げ伸ばしだけで引き上げるのでなく、肩甲骨から腕を長く使ってパワーを発揮する。きつくなってきたら、上げるときに反動をつけてもかまわない

トレーニング時の
注意点

腕や肩の筋力だけで上げるのでなく
肩甲骨の動きを意識することが大切

垂直方向のプル動作にフォーカスしたトレーニングです。腕の力だけで行うのでなく、少し広めのグリップで肩甲骨から腕を動かすことで、体幹部との運動連鎖を意識して行うことが大切です。

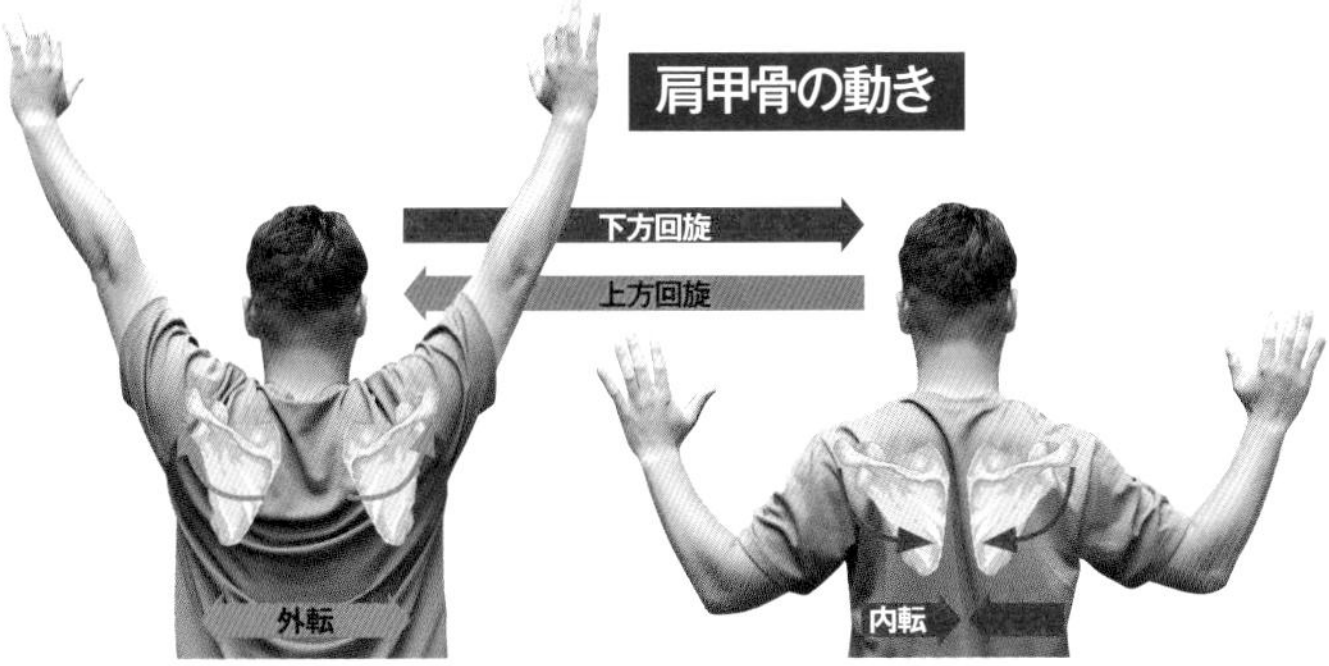

3

バーがアゴの高さにきたところから、肩甲骨の動きを意識しながらゆっくり下ろしていく

プライオメトリックトレーニング

プライオメトリックトレーニングとは、筋肉は素早く伸ばされた直後に、伸長反射により筋肉を収縮させることで素早く強い力を出せるという性質を利用して、最大パワーを引き上げるためのトレーニングです。具体的には着地した瞬間に次のジャンプをするなどの動作になります。

垂直方向のパワー発揮と球速との相関値が高いとされていることからも、プライオメトリックトレーニングは球速を上げるために効果的と考えています。

スクワット（107ページ参照）のように単純に重いものを上方向に持ち上げるのもいいですが、動きの「速さ」を出すという観点で、プライオメトリックトレーニングを推奨します。私のラボでは、立ち幅跳びのように行う前方向への連続したジャンプも計測しています。

垂直方向にせよ前方向にせよ、瞬間的に爆発的に「体を伸展させる」という動作は非常に大切です。

「伸展」と聞くと、野球に直接つながらないイメージを持つ人もいるかも知れませんが、屈曲（関節を曲げる）や回旋（体を回す）などの動作を速くするためには、いかに速く伸展できるかがポイントになります。筋肉には、伸展速度が速いほど速く収縮しようとする特性（ストレッチショートニングサイクル）があります。

たとえば、連続したジャンプを行うときには、ジャンプの際に瞬間的に爆発的に伸展させた筋肉を、着地では速く収縮させて次のジャンプを行う必要があります。これが、止まったところから瞬間的に最大パワーを発揮する野球の動作に直結すると考えています。

また、このような反動をつけた動きをくり返し行うことで「腱（筋肉と骨の付着部分）」の収縮能力も高

トレーニングの目安

右記の種目から合計

70～100 着地

※例：立ち3段跳びの場合「3着地」とカウント

- 垂直ジャンプ P.123参照
- 連続立ち幅跳び P.124参照
- 立ち3段（5段）跳び P.126参照
- ラテラル立ち幅跳び P.129参照

まると考えられています。

そのぶん、プライオメトリックトレーニングは瞬間的なパワー発揮を余儀なくされるので、筋肉に大きな負担がかかります。私はピッチング前のグラウンドでのウォーミングアップにも取り入れていますが、プライオメトリックトレーニングの前には、ストレッチや準備運動など、しっかり筋温を高めてから行うことが大切です。とくに寒い時期に筋温が低いまま行うとヒザや肩などの関節を傷める可能性もあるので注意が必要です。

通常のトレーニングの場合は、すべての種目を合計して70～100着地を目安に、つねに自分の100％を出し切れる範囲で行いましょう。80％では効果が低くなるので全力で取り組むことが大切です。

プライオメトリックトレーニング❶

推奨回数 10回

アンクルホップ

地面の反力を利用して「真上に弾む」感覚を身につける

その場で、地面に弾むトレーニングです。陸上競技でも、ランニングの着地時の足の使い方を身につけるために導入されています。

できるだけ接地時間を短く、足をバネのように使って速く跳ぶことを意識しましょう。

着地の瞬間に足首を固め、踵を地面につけずに地面で弾みましょう。

足首を固め、ふくらはぎをバネのように使う

着地のときに地面で弾む感覚で跳ぶためには、足首を固め、ふくらはぎの筋肉をバネのように使う必要があります。

かかとを浮かせ、足首を固めて着地することで、ふくらはぎの筋肉やアキレス腱は引き伸ばされながら収縮する方向にパワーが発揮されます（エキセントリック収縮）。

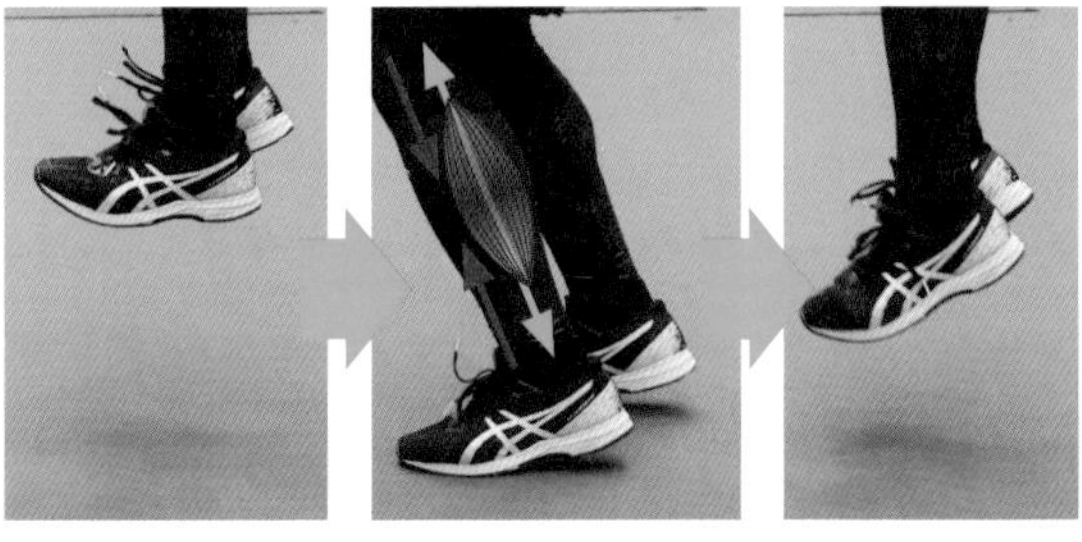

プライオメトリックトレーニング❷

10回 推奨回数

垂直ジャンプ

地面から得た力を加速させて高さにつなげる。

もっともオーソドックスなその場でのジャンプ動作です。下肢を折りたたんで、腕の振りで反動をつけて上にジャンプします。

地面から得た力に自分で発揮したパワーと反動をタイミングよく加えることで、動作が加速して高く跳ぶことができます。

天井に頭突きするイメージで、できるだけ高く真上に跳びましょう。

1 腕を頭上から振り下ろしながらタイミングよく体を屈曲させる

2 腕を振り上げながらタイミングよく地面を押し出してジャンプ

3 着地の反動を利用して体を屈曲させ、連続して次のジャンプ動作を行う

プライオメトリックトレーニング③

カウント方法
ジャンプ数に準じて 3～5回

連続立ち幅跳び

連続動作の中で瞬間的な最大パワー発揮を習得する。

止まった状態から、前方向に3～5回連続してジャンプをしましょう。

両足で地面を踏み込んで一気に体を伸展させながらジャンプしたところから、着地で一気に屈曲させ、次のジャンプを行います。

野球では、ピッチャーもバッターも止まったところからのパワー発揮なので、止まった状態から一気に加速して体を速く動かす動作を身につけることが大切です。

腕の振り上げ動作に合わせて両足で地面を強く踏み込んで前方に大きく跳ぶ

止まったところから両腕を振り上げ、振り下ろしたときに体を屈曲させて反動をつける

トレーニング時の 注意点 全身からパワーを発揮する

最初は止まった状態から両腕を振り上げて、前方向にできるだけ大きくジャンプします。2回目以降のジャンプは、着地で得た反動を生かせるようにタイミングよく体を使って大きく跳びましょう。

着地のタイミングに合わせた瞬間的な体の屈曲伸展で爆発的なパワーを発揮する

空中で下半身を入れ替え、足をできるだけ前方に着地させる。体を屈曲させながら着地の衝撃を吸収すると同時に、その反動を利用して次のジャンプを行う

プライオメトリックトレーニング❹

カウント方法
ジャンプ数に準じて 3〜5回

立ち3段（5段）跳び

片脚のパワー発揮で徐々に野球の動作に近づける。

止まったところから両腕を振り上げて、最初の1歩は両脚で大きく前方にジャンプする

どちらか得意な足で片足で着地する

着地の反動と腕の振りを連動させて人きく２歩日を踏み出す

やり投げなどの陸上競技の投てき種目でもよくやっているトレーニングです。

野球では、ピッチングやバッティングのように片手や片脚を使った動作がメインとなるため、片脚で連続したジャンプをやっておくことで、ジャンプ動作をより野球の動きに連動させることができます。連続して3歩または5歩のジャンプをやってみましょう。

最後の1歩まで惰性にならずに全力で大きく跳ぶことが大切です。

最後は両足で着地する。最後まで全力を出し切ることで効果が得られる。ジャンプ時のパワー発揮が８割程度になると効果は半減する

３歩目でも惰性にならずに全力で大きく前方にジャンプすることが大切

野球の体の動きは、横方向で止まった状態から、体を反転させてのパワー発揮です。今までジャンプ動作で身につけた体の使い方をさらに野球に近づけるために、ラテラル方向での立ち幅跳びをやっておきましょう。

全身の筋肉を動員したパワー発揮から、横方向にもできるだけ大きく跳べるようにしておくことが大切です。

できるだけ前に足を運んで
着地させるために空中で
下半身を引き寄せる

全身を使って大き
なパワーを発揮さ
せ、できるだけジャ
ンプの距離を出せ
るようにしておこう

プライオメトリックトレーニング❺

カウント方法
1ジャンプを 1 回

ラテラル立ち幅跳び

野球と同様に、横方向に大きなパワーを発揮させる。

ジャンプする方向の脚を浮かせ、体にタメをつくって横向きに反動をつける

腕の振りとタイミングを合わせ、横方向に体を伸展させ、体を反転させながら全力でジャンプする

メディシンボールトレーニング

プライオメトリックトレーニングが自分の体を操るトレーニングだったのに対して、メディシンボールトレーニングは物体にパワーを伝えることを目的としています。

野球は、ボールという物体に力を伝える競技です。ピッチングにおいてもバッティングにおいても、ボールの中心をとらえる必要があります。ボールに加える力がズレてしまうとパワーが伝わり切りません。

トレーニングでも、ただメディシンボールを投げるのでなく、ボールの重心をとらえ、自分の体の中心からパワーを発揮して、それをロスなく伝える意識を持つことが大切です。

また、ウエイトトレーニングでは回旋方向にパワーを出すことは難しいという点からも、メディシンボールは非常に重要と考えています。単に筋力を高めるだけでなく、物体に力を加えて、それを投げるための「フォース」と「ベロシティ」に特化したトレーニングになります。投げる方向にバリエーションを加えることで難易度が上がります。本書で紹介するさまざまなバリエーションで投げられるようにしておくことが大切です。

私のラボでは、通常、成人は3kg、2kg、1kgのボールを使用して行っていますが、ジュニア世代などは成長に応じて軽めのボールを使用することをお勧めします。高校生の練習環境を見ていると、学校によっては3kgボールしかないこともあります。高校に進学して、いきなり高負荷のトレーニングをしてケガをしてしまうのは非常にもったいないので、ジュニア世代のうちに軽いボールを使ってフォームをつくっておくといいでしょう。個人差はありますが、小中学生は1～2kgのボールでやってみましょう。

段階的に徐々にピッチング動作に近づけていく

●ボールの重心をとらえる

地面から得た力を全身で発揮したパワーで加速して、ボールに伝える感覚や体の使い方を身につける

❶直上スロー

P.132参照

❷バックスロー

P.133参照

●体幹からのパワー発揮

体幹の捻りを加えて、横方向にボールを投げることでピッチングに近づける

❸ローテーショナルスロー

P.135参照

●並進動作で加速する

並進動作を入れて、さらに爆発的なパワーを発揮する

❹ローテーショナルプッシュスロー

P.137参照

●遠心力を加える

体幹の使い方、並進動作に加えて、遠心力を利用することで、さらに動作を加速させて大きなパワーを得る

❺ダイアゴナルチョップスロー

P.139参照

●体幹の屈曲

体幹の屈曲から発揮されるパワーをボールに加える

❻シットアップスロー

P.140参照

メディシンボールトレーニング❶

3kgボール使用

※成人球速150km /h以上目標の場合

直上スロー

垂直ジャンプで発揮した力をボールに伝える。

メディシンボールを両手で持ち、全身を使って上方向に強く高くボールを投げ上げましょう。体の使い方は垂直ジャンプ（123ページ参照）と同じです。上方向に、いかに速く、タイミングよく、強く体を伸展させるかがポイントになります。

プライオメトリックトレーニングでは自分の体を動かすのに対して、手に持ったボールに発揮したパワーを伝えることを目的としたトレーニングです。

ボールを持った両手を頭上に上げて動作をスタートする

ボールを両脚の間に勢いよく振り下げて反動をつける

地面をしっかり踏み込んで、全身でパワーを発揮しながらボールを振り上げる

その場で高くジャンプするように、大きなフォロースルーをとってボールをできるだけ強く高く投げ上げる

FORCE　VELOCITY　MOBILITY

メディシンボールトレーニング②

3kgボール使用

※成人球速150km /h以上目標の場合

バックスロー

直上スローよりさらに大きなパワーを発揮させる。

両手でボールを持ち、後方に向かってボールを投げましょう。トレーニングのパートナーがいる場合は2人で投げ合うのもいいでしょう。

体の使い方は直上スロー（132ページ参照）と同じです。腕振りのタイミングと体の伸展のタイミングを合わせて、地面を踏み込んだ力を加速させてボールに伝えましょう。

直上スローよりも大きく体を伸展させるため、体の使い方に慣れてきたら、徐々に飛距離が伸びるでしょう。

バランスを崩さないように、片脚を前方に振り上げ、後方に向かって腕を振り上げる

後方に大きく投げ出したいので直上に投げるより上体が反り、腕の振りが大きくなる

地面をしっかり踏み込んで、全身でパワーを発揮してボールを振り上げる

直上スローと同様にボールを両脚の間に勢いよく振り下げて反動をつける

トレーニング時の
注意点

さまざまな回旋動作をフルパワーで行い生み出された力をロスなくボールに伝える

メディシンボールトレーニングは、とにかく全力で行うことが大切です。一見、ピッチング動作に直結した体の動きに見えませんが、いろいろな動作でフルパワーを発揮できるようにすることを目的としたトレーニングです。姿勢や投げる方向を変えて、さまざまな回旋動作で投げておきましょう。つねにボールと自分の重心をとらえ、モノに力を伝える感覚を身につけておくことが大切です。

投げる方向に重心移動したところで、上半身が遅れて回転。体の捻転がほどけるのを感じながら腕が振り出される

スローイングの途中で腕を止めずに、投げ出す方向にフォロースルーをとって大きく腕を振り抜くことが大切

最後まで大きく腕を振り抜くことで発揮したパワーをロスせずにボールに伝えることができる

FORCE　VELOCITY　MOBILITY

メディシンボールトレーニング③

3kgボール使用
※成人球速150km /h以上目標の場合

ローテーショナルスロー

横向きのスローイングでピッチング動作に近づける。

横方向に投げることで、実際の球速との相関を徐々に高くしていきましょう。

直上スロー（132ページ参照）やバックスロー（133ページ参照）では体の伸展動作からのパワー発揮であったのに対して、横向きで投げることで伸展に回旋動作が加わります。

重いボールを持って、体幹の捻れを使うため、胸や肩まわりの筋肉のモビリティを高めるトレーニングとしても有効です。

体の正面で両手でボールを持ち、横方向にボールを強く速く投げるトレーニング

ボールを体の横に引き、体幹を捻りながら体を屈曲させる

下半身始動で動作を開始。上体が一緒に回転して体幹の捻れがほどけないようにタメを維持する

トレーニング時の
注意点

助走距離を伸ばすことで さらに強く速いボールを投げる

　並進動作をすることで腕の助走距離が長くなります。また、並進する速度を速めることで、体幹が素早く捻られるため、その捻り戻しのスピードも速まり、さらに大きな力で速いボールを投げ出すことができます。

NG

上体がつっ込んで
下半身と一緒に
回ってしまう

足の着地後に素早く捻られた体幹が、素早く捻り戻されるため、腕の助走距離が長くなり、より強く、速くボールを押し出すことができる

フォロースルーの途中で動きを止めずに、投げ出す方向に向かって腕でしっかり押し切ることが大切

FORCE　VELOCITY　MOBILITY

メディシンボールトレーニング④

2kgボール使用

※成人球速150km /h以上目標の場合

ローテーショナルプッシュスロー

並進動作を入れてさらに強い力をボールに加える。

横向きで助走を1歩入れて、ボールを押し出すように投げてみましょう。ワンステップを入れることで、野球のメカニクスに通じる体の使い方の要素が多く入るぶん球速も速くなります。球速を出すためには、いかに並進を速くできるかが大切になります。

並進を素早く行ったときに、体幹が捻れて上体が残ることで助走距離が長くなります。並進動作のスピードが速くなるぶん、体幹が速く捻られることで、捻り戻しのスピードを出すことができます。

これはピッチングとまったく同じです。強くかつ速く体を動かし、ボールを強くプッシュすることで、自然とピッチングフォームがよくなるトレーニングです。

ピッチングと同様に片足立ちになったところから、並進動作を入れ、さらに軸足を前に踏み出したところからもうワンステップ入れて前に踏み出す

1歩助走をつけて前に出ることで、並進動作がより加速される。スピードをつけて並進することで、体幹が素早く捻られる。下半身の動きにつられて、上体も回ってしまわないことが大切

今までのトレーニングをよりピッチングフォームに近づけるために、腕を肩の斜め上方向から振り下げるようにボールを投げてみましょう。助走をつけないので、自分の並進動作のなかで内力を高めるトレーニングになります。

並進動作で速く前に行きながらも、上体は回旋させずに後ろに残しておくのがポイントです。

ローテーショナルプッシュスロー（137ページ参照）ではボールを押し出していましたが、今回は斜め上からチョップするように腕を振り下げるぶん、ボールの軌道が大きな弧を描くので、遠心力の大きな力が加わります。ボールの重みで上体が引き伸ばされるぶん、弧が大きくなります。

下半身が回り、体幹や上体が素早く伸ばされ、できるだけ長い半径で遠心力を高めることで、強いボールを投げられるようになります。まさに、ピッチングと同じメカニクスのトレーニングになります。

自然なテークバックで並進動作を開始する

大きく速く並進することで自分の内力だけを使ってパワーを発揮する

並進動作でできた体幹の捻れから得たパワーと遠心力をタイミングよく連動させて、大きく加速した動作を心がける

発揮したパワーをボールに乗せ切ることが大切

FORCE　VELOCITY　MOBILITY

メディシンボールトレーニング⑤

1kgボール使用

※成人球速150km /h以上目標の場合

ダイアゴナルチョップスロー

腕を振り出す角度をピッチングに近づけ「遠心力」を得る。

通常のピッチングに
近い姿勢で両手で
ボールを持つ

足を着地させたときに
上体が回転せずに残
っていることが大切

ボールが通る軌道の半
径を長くすることで、得ら
れる遠心力が大きくなる

メディシンボールトレーニング❻

1kgボール使用
※成人球速150km /h以上目標の場合

シットアップスロー

お腹から発揮したパワーをボールに伝えるトレーニング。

1

あお向けになり、ボールを頭上で持って、お尻を浮かせて反動をつける。ボールが途中で落ちないように、両手で少し下から持つ

2

腰を反らせずに体幹をまっすぐに保ち、両足のかかとで地面をしっかりとらえた姿勢からスタートする

3

お尻を落とすと同時に、その反動を利用して上体を起こしながら腕を振り上げる

並進動作を入れたスローが回旋系のトレーニングだったのに対して、体幹部の屈曲から得たパワーをボールに伝えるためのトレーニングになります。

投げる瞬間にお腹からパワーを発揮して、上半身でボールを強く押し出す動作が身につくため、陸上競技のやり投げ選手なども取り入れているトレーニングです。あお向けから上体を起こすときの反動を使って、ボールにお腹から圧を加えましょう。ボールを腕の力で投げようとするのでなく、上半身でボールを叩きつけるようなイメージでやってみましょう。

4

腕の力でボールを投げるのでなく、お腹からパワーを発揮して上体を起こす

5

腕で投げようとすると、ひじが前に出て腕がボールの下を抜けてしまうため、ボールに力が伝わらなくなる

6

上体を起こす力でボールを叩きつけるイメージで行うことが大切

おわりに

私は、自分自身が150km/hから155km/hにもっていく過程で実際に取り組んできたことをベースに日ごろから指導を行っています。世の中にはいろいろな理論や考え方がありますが、自分が実践して実際に結果が出ているので、誰もが試してみる価値はある理論の一つと考えてよいのではないかと自負しています。

私の理論に限らず、何かを習得しようとするときに、表面的な部分だけを試して、自分に合うか合わないかを判断するのは非常にもったいないことです。本当に合うものを探すためには、まずどっぷりとやり込まないとその判断はできません。何事においても、それを突き詰めていくことが正解への近道だと思います。その一つの参考として本書が皆さまのお役に立てれば光栄に存じます。

私が球速を速くするに当たって、もっとも刺激を受けたのが2019年のダルビッシュ有さんとの出会いです。「トップ選手でもこれほど考えてこれだけやっている。自分などはもっと頑張らないといけない」という気づきを与えてくれたダルビッシュさんには感謝してもし切れません。また、私がトレーニングの基本部分を参考にさせていただいている、大学の先輩でもあり、オンラインサロンも一緒にやらせていただいている小山田拓夢さんにも非常に感謝しております。

さらに、ボディビルダー横川尚隆選手、やり投げのディーン元気選手、佐藤友佳選手、小南拓人選手には私が考えていた野球界のトレーニングの概念をぶち壊していただき、自分のちっぽけさに気づけました。本書で紹介しているトレーニングでも参考にさせていただいたものが多く、感謝しております。

上記以外にも、今まで関わっていただいたすべての人があって、今の自分があります。この場を借りて、皆さまに感謝をお伝えしたいと思います。

内田 聖人

著者プロフィール

内田 聖人

（うちだ・きよひと）

1994年3月1日、静岡県伊東市出身。小学1年生の時に野球を始め、伊東リトルシニア時代に日本代表選出。早稲田実業高校2年時夏に甲子園出場。3年時にはエースとして西東京大会決勝に進出するも、同年全国制覇を成し遂げた日大三高に惜敗。早大、社会人・JX-ENEOSでもプレーを続けるが、ケガの影響で2017年に戦力外となる。2019年プレー続行の道を求め、米国でトライアウトに挑戦し、独立L球団・ニュージャージー・ジャッカルズと契約。渡米中に、投球動作やトレーニングに関する知識・練習法を学ぶ。帰国後に株式会社NEOLABを設立し、ピッチング専門の指導者へ転身。最新鋭の投球動作解析システムと、ケガの影響で20キロ近く落ちた球速を再び150キロまで引き上げた実体験などを強みに、幅広い年代の選手へ指導を行っている。軟式で最速155キロを投じる（硬式154キロ）※2023年7月現在

内田聖人氏が主催する野球アカデミー

NEOLAB公式ホームページ
https://www.neolab.one/

Instagram　内田聖人　NEOLAB

日本最大級オンライン野球サロン　2021-2022シーズンでドラフト31名を輩出!!

NEOREBASE
https://neorebase.com/

NEOREBASEジュニア
https://lp.neorebasejr.com/

NEOLAB公式YOUTUBEチャンネル　NEOROOM
https://www.youtube.com/channel/UCCwTq78t89DtqZRXZnd7sig

制作スタッフ *Staff*

編　　　集：権藤海裕（Les Ateliers）
本文デザイン：LA Associates
イ ラ ス ト：村上サトル
撮　　　影：河野大輔
カバーデザイン：相原真理子

ピッチング新時代

2023 年 8 月 31 日　初版第 1 刷発行
2024 年 11 月 8 日　初版第 4 刷発行

著　者……内田聖人
発行者……角竹輝紀
発行所……株式会社マイナビ出版
〒101-0003　東京都千代田区一ツ橋 2-6-3 一ツ橋ビル 2F
電話 0480-38-6872（注文専用ダイヤル）
03-3556-2731（販売部）
03-3556-2735（編集部）
URL　https://book.mynavi.jp/

印刷・製本……………中央精版印刷株式会社

※定価はカバーに記載してあります。
※落丁本・乱丁本についてのお問い合わせは、TEL0480-38-6872（注文専用ダイヤル）か、 電子メール sas@mynavi.jp までお願いいたします。
※本書について質問等がございましたら、往復はがきまたは返信切手、返信用封筒を同封のうえ、（株）マイナビ出版編集第 2 部書籍編集 1 課までお送りください。
お電話でのご質問は受け付けておりません。
※本書を無断で複写・複製（コピー）することは著作権法上の例外を除いて禁じられています。

ISBN978-4-8399-8312-3
©2023 Kiyohito Uchida
Printed in Japan